大家小书

国学讲演录

程应镠 著
虞云国 编

北京出版集团公司
北京出版社

图书在版编目（CIP）数据

国学讲演录 / 程应镠著；虞云国编 . — 北京：北京出版社，2020.3（2024.9重印）
（大家小书）
ISBN 978-7-200-15179-4

Ⅰ. ①国… Ⅱ. ①程… ②虞… Ⅲ. ①国学—通俗读物 Ⅳ. ① Z126-49

中国版本图书馆 CIP 数据核字（2019）第 245094 号

总 策 划：安　东　高立志　　责任编辑：严　艳　孔伊南

· 大家小书 ·
国学讲演录
GUOXUE JIANGYAN LU
程应镠　著　虞云国　编

出　　版　北京出版集团公司
　　　　　北京出版社
地　　址　北京北三环中路 6 号
邮　　编　100120
网　　址　www.bph.com.cn
总 发 行　北京出版集团公司
印　　刷　北京华联印刷有限公司
经　　销　新华书店
开　　本　880 毫米 ×1230 毫米　1/32
印　　张　9.625
字　　数　148 千字
版　　次　2020 年 3 月第 1 版
印　　次　2024 年 9 月第 3 次印刷
书　　号　ISBN 978-7-200-15179-4
定　　价　56.00 元

如有印装质量问题，由本社负责调换
质量监督电话　010-58572393

总　　序

袁行霈

“大家小书”，是一个很俏皮的名称。此所谓“大家”，包括两方面的含义：一、书的作者是大家；二、书是写给大家看的，是大家的读物。所谓“小书”者，只是就其篇幅而言，篇幅显得小一些罢了。若论学术性则不但不轻，有些倒是相当重。其实，篇幅大小也是相对的，一部书十万字，在今天的印刷条件下，似乎算小书，若在老子、孔子的时代，又何尝就小呢？

编辑这套丛书，有一个用意就是节省读者的时间，让读者在较短的时间内获得较多的知识。在信息爆炸的时代，人们要学的东西太多了。补习，遂成为经常的需要。如果不善于补习，东抓一把，西抓一把，今天补这，明天补那，效果未必很好。如果把读书当成吃补药，还会失去读书时应有的那份从容和快乐。这套丛书每本的篇幅都小，读者即使细细地阅读慢慢地体味，也花不了多少时间，可以充分享受读书的乐趣。如果把它们当成补药来吃也行，剂量小，吃起来方便，消化起来也容易。

我们还有一个用意，就是想做一点文化积累的工作。把那些经过时间考验的、读者认同的著作，搜集到一起印刷出版，使之不至于泯没。有些书曾经畅销一时，但现在已经不容易得到；有些书当时或许没有引起很多人注意，但时间证明它们价值不菲。这两类书都需要挖掘出来，让它们重现光芒。科技类的图书偏重实用，一过时就不会有太多读者了，除了研究科技史的人还要用到之外。人文科学则不然，有许多书是常读常新的。然而，这套丛书也不都是旧书的重版，我们也想请一些著名的学者新写一些学术性和普及性兼备的小书，以满足读者日益增长的需求。

“大家小书”的开本不大，读者可以揣进衣兜里，随时随地掏出来读上几页。在路边等人的时候，在排队买戏票的时候，在车上、在公园里，都可以读。这样的读者多了，会为社会增添一些文化的色彩和学习的气氛，岂不是一件好事吗?

“大家小书”出版在即，出版社同志命我撰序说明原委。既然这套丛书标示书之小，序言当然也应以短小为宜。该说的都说了，就此搁笔吧。

程应镠先生与他的《国学讲演录》

虞云国

程应镠（笔名流金）先生的《国学讲演录》曾编入《流金集》（上海古籍出版社，1995年），这是程门弟子为他从教五十周年编的论文集，但出版已在他去世次年。其后又辑入《程应镠史学文存》（上海人民出版社，2010年）。这次，承蒙北京出版社列入“大家小书”系列，以便面向更多的读者。借此机会，对该书相关问题略作评介。

一

1983年9月，上海师范大学古籍研究所成立，流金师出任所长；古籍研究所成立之日，也是其下属古典文献专业首届开学典礼之时。那年年初，为推进新时期古籍整理人材的培养，全国高校古籍整理委员会决定，除北京大学中文系原设的古典文献专业外，在三所高校增设同一本科专业。经流金师多方努力与再三争取，上海师大与原杭州大学、南京师范学院同时获准。他对文献专业建设极为重视，不但亲自遴选在读的历史、中文两系优秀学生转为文献专业首届本科生，而且亲力亲为地确定了课程设计与师资配备。

1985年，文献专业通过高考直招新生，与此前从文史两系转入的在读生有所不同，入学之初，他们对中国传统文化即便不是略无所知，也是知之不多的。针对这一现状，在文献专业迎新会上，流金师语重心长地告诫他们：

> 为了国家的需要，建设社会主义精神文明的需要，我们要整理古籍，要建立这样的一个专业。你们将要学习中国古代的文学、艺术、思想、历史、科学。要学好这个专业是不容易的。“先难而后获”，要经历一些崎岖、艰难，才能有所收获。要立志，要下决心为建设我们的新文化作出贡献。要在这方面成为专家，大学四年，只不过打基础。（《程应镠先生编年事辑》508 页）

为了尽快让这批新生进入角色，学好专业，流金师以古稀之年亲上讲台讲授“国学概论”基础课。《国学讲演录》便是当年他为本科生上课的讲义。

此前，他曾讲过经学与史学，但讲“国学概论”中《经学举例》与《史学通说》时仍颇有增删调整，加入了新内容；而《诸子概论》与《文学略说》则完全是新写的。据其《复出日记》，1985年9月22日，“写《国学概论》绪言，得三千五百字”。这是他开笔写讲义之日，其后这类日记颇多：10月13日，他为备课，“重读《先秦名学史》”；12月1日，“写讲稿，写毕韩非子”；12月22日，“写《国学概论》讲稿，完成子学最后一章”。1986年4月4日，“写中国文学略论二千余字”；当月，他数次记及“续写文学讲稿”，最后一条为25日。故可推断，他写《国学概论》讲义终于此日。

这门课程讲授始于1985年新生入学不久，与讲义起稿几乎同步。《复出日记》也有记载：这年10月7日，“上课，孔子还未讲完”；10月14日，“讲孔子毕，开始讲孟荀”；10月21日，“上课，仅讲毕孟子，荀子开了个头”。当年，流金师学术活动频繁，但即便外地赴会，必定及时补上，1986年4月25日记有“晚为学生补上两小时课”。同月，他决定辞任所长，在辞职报告里特别声明：“本学期所授《国学概论》一课，当继续讲毕。”足见他对这门课程有多重视。这年9月，在改任名誉所长前，他与文献专业学生再次座谈学习及课程设计，在交接讲话时强调："古文献专业，我们已办过一届，事实证明，他们毕业后是有工作能力的，这同我们的课程设置有关。"不言而喻，流金师说的课程设置，当然包括他亲自设席的"国学概论"。遗憾的是，由他精心设计的这门课程，仅上过一轮；但所幸的是，他为这门课留下了相对完整的授课讲义。

二

这册《国学讲演录》的特色略有如下方面。

其一，初级入门的针对性。由于当年听课对象都是未窥文献学之门的大学生，课时也有限制，而国学知识的涵盖面却不容有大缺漏。讲稿必须拿捏得当，体现出独有的针对性。例如，他在《史学通说》里先概述了史籍分类与史书体例，其后仅着重评述了纪传体与编年体，而不再介绍其他类别与体裁。之所以如此酌定，显然考虑到，这两类史书构成了中国古代史的基础史料，是文献专业本科生必须掌握的，其他内容随着他们学习的循序渐进，不难自学解决。而"史与论"一节则较充分地论列了史与论的关系，史料的收集与整理，史论、史识与史德等，也无非认为这些史学理论与方法对学生是必不可少的。再如，《文学略说》开头交代，这部分“小说、戏曲就不讲了”，但随即点明“王国维、鲁迅在这方面的研究工作，都超越前人”，既表明并非把小说、戏曲划出国学，也意在开示学生自去参看《宋元戏曲史》与《中国小说史略》，补上这一环节。

其二，教学互动的现场感。流金师对讲课有其境界追求：“每上完一节课，就像是写了一首诗，完成了一篇创作。”为了达到这种境界，他习惯将每堂课要讲的每句话写成讲稿，及至开讲却并不完全受讲义拘束。他在《国学讲演录》中，往往将自己的经历、体悟与感情倾注其中，讲稿背后有其人在。例如，讲《离骚》时自述曾集《离骚》句为挽联凭吊闻一多，讲词的平仄与押韵时，引自己“历尽风霜”重到杭州作《临江仙》以寄感慨，都令读者能想见其为人。国学内容尽管专深，但从讲义仍能一窥他授课时语言的生动性与叙述的细节化。例如，他讲汉高祖“不好儒”，却召儒士叔孙通定朝仪，牵绾《史记·郦生陆贾列传》所载说：“刘邦不欢喜他，至于他是否也被刘邦脱掉帽子，在里边撒过尿，就不知道了”；“叔孙通大概也是很识相的，弟子有一百多，他一个也不向刘邦推荐，推荐的尽是‘群盗壮士’”，形象生动地凸显了汉初儒学的落寞命运。

其三，一家之言的启悟性。同样讲“国学概论”，每个名家取舍未必尽同，评骘也有出入。这册讲义也是流金师的一家言，其中不乏独到之见。例如，他评黄庭坚诗“落木千山天远大，澄江一道月分明”时，引杜甫“无边落木萧萧下，不尽长江滚滚来”作为对照，提出唐诗是音乐、宋诗是图画的审美观。再如，在论及私撰正史时，他直言道：“《新五代史》实为最无价值的一种。从史料学言，是如此；从史学言，也是如此。”作为宋史专家，他当然明白欧阳修“义例史学”在宋学形成中的地位，但彼是思想史上的价值，此是史学史上的评判，两者不容混淆。对这些一家之言，读者尽可以赞同或商榷，论其初衷也旨在给人启发与令人思索。

三

作为学术文化概念的“国学”出现在清季民初，其大背景是西方列强以坚船利炮轰开中国大门之后，整个国家民族面临三千年未有之变局，西学也挟西潮澎湃之势沛然而至。而“国学”的提出，毋宁说是学术界为固守中国本位文化，对西学刺戟的应激反应，毋庸讳言，其中也掺杂着民族主义的偏颇。“国学”概念从最初提出到广为接受，尽管与当时中国政治现状息息相关，却是学界与学人自觉自发的学术行为，未见有国家权力刻意运作其间。自20世纪初叶“国学”一词流行以来，曾如有学者所说：什么是国学、国学是否妨碍中国“走向世界”以及国学（或其后来的变体“中国文化史”）自身怎样走向世界，都是当年学人与学术社会非常关注并一直在思考和争辩的大问题（参见罗志田《国家与学术：清季民初关于“国学”的思想论争·自序》）。实际上，从1919年到1949年间，学界与学人已大致认同将“国学”趋同于中国传统文化，章太炎、吕思勉与钱穆等大师那些以“国学”命名的名著都传达出这一旨趣。

但细加推究，各家指涉的范围却颇有异同。1922年，章太炎演讲《国学概论》（由曹聚仁记录），除概论与结论外，仅包括经学、哲学（也即子学）、文学三部分。1935年至1936年，他在章氏国学讲演会的《国学讲演录》新增了小学与史学，或应视为他对国学范畴的晚年定论。据此，章氏的国学内涵大体对应中国传统的四部之学，从现代学科分类来说，国学即指研究中国古代经学（包括小学，即语言文字学）、哲学、史学、文学的专门之学。1942年，吕思勉为高中生讲《国学概论》（有黄永年记录稿），内容仅限中国学术思想史；据黄永年说，其师当时为学生同时开设“中国文化史”，并不认同“国学”变体为“中国文化史”的取向，在吕思勉看来，“中国文化史”还包括社会等级、经济情况、生活习惯、政治制度，以至学术宗教等各个方面，应作综合的历史的讲述。1928年，钱穆完成其《国学概论》的全部讲稿，如其弁言所说，范围限于“二千年来本国学术思想界流转变迁之大势”，“时贤或主以经、史、子、集编论国学，如章氏《国学概论》讲演之例，亦难赅备，并与本书旨趣不合，窃所不取”，与章氏明确立异。约略言之，20世纪上半叶，在“什么是国学”上，大体就是章太炎式的四部之学、吕思勉—钱穆式的学术思想史、变体的中国文化史这三种路向。尽管取径各有异同，却都是在学术共同体内自然而然地形成的。

进入20世纪下半叶，中国人文传统出现了严重断裂，“国学”之说自然不可能出现。直到改革开放后，国人反思曾经的文化破坏与价值失范，这才认识到，蔑弃中华传统文化中那些精华的东西，是要遭报复的；深感有必要重拾那些曾被“革命”摧毁的东西，找回中国人之为中国人的价值支柱。于是，在上世纪末至新世纪初，出现了新一波“国学热”，大背景尽管仍与当时社会呼吸相关，却依然是学界与民间自发自觉的推动，但民族主义的偏见已颇有消退。不过，随着建制性的介入，这波“国学热”开始走音跑调，随之引发了诘疑、责难乃至抨击的声音，近年甚至有直斥国学为“国渣”者。这些现象的出现，剔除其中的情绪化因素，归根结蒂，还是在究诘20世纪上半叶就在思考与激辩的老问题：什么是国学？国学是否妨碍中国“走向世界”？这一困惑，应该说当下依然存在。实际上，只要有理性的思考，这一困惑是不难破解的。诚如1931年钱穆在《国学概论》弁言里指出：“学术本无国界。‘国学’一词，前既无承，将来亦恐不立。特为一时代的名词。”既然作为学术概念的“国学”，其成立、存在与延续，仅仅只是对西学东来的一种应激性反应，那么，当中国人对中国文化具有真正的自信，对外来优秀文化秉持真正的包容，这种应激性归于平复之时，“国学”作为一时代的名词也将自然而然地退出学术舞台。

流金师为大学生讲国学，尚在上世纪末那波“国学热”兴起之前。论其用意，一方面固然出于文献专业的教学之需，一方面何尝不是在对老问题给出自己的回应。他为学生开讲之初便说：“国学就是中国之学。中国古代文化典籍是非常丰富的，至隋始以经、史、子、集为四部，至清不改。国学也就是四部之学。”与此同时，他也指出，“四部之学，包括的范围极广”，也涵盖了中国古代医学、农学与军事学等，但“我们要讲的，只能限于哲学、史学与文学”。足见他认同章太炎设定的国学边界。

至于国学是否会妨碍中国转型成功，真正走向世界，关键不在于国学自身，而是取决于我们如何正确对待国学及其与西学的关系。在《国学讲演录·引言》里，流金师就明确指出："西方哲学，认识论求真，美学求美，道德学或伦理学求善。要建立社会主义的道德，也要有所继承。"他同时指出：在国学里，"当然，精华是与糟粕并存的"，但"肯定是有一些好东西，我们是要拿过来的，是要继承的"。也就是说，在中国转型中，就文化而言，既不能拒绝西学为人类文明贡献的共同遗产，也不应遗弃中国文化的优良传统。这些理性包容的持论正是这册讲义的根本立场。

面对当下有明星将儒学元典熬制成一锅浅薄自慰的心灵鸡汤，更有一种将国学与制度化儒学曲意钩连与有意接榫的异常倾向，读书界却未见有一册合适时代的国学读物，有助于初入其门者全面、完整、准确地了解国学与传统文化的精髓。有鉴于20世纪上半叶那些以国学命名的大师名著，对当下初学者来说，或是内容略显艰深，或是范围略欠周备；而20世纪下半叶几乎没有老一辈学者的国学新著面世，相形之下，流金师的《国学讲演录》"讲的都是国学中的精华"，又具有前述三大特色，不失为一册精义赅备的入门书。

四

这册收入“大家小书”的《国学讲演录》，分正文与附录两部分。

这次付印仅改正了前两版的手民之误，讲演正文一仍原貌。例如，《文学略说》开头说，“这一部分打算讲诗、散文与文艺理论，小说、戏曲就不讲了”；但现存讲稿仅有诗歌部分，未涉及散文与文艺理论，究竟是写过而佚失，还是课时来不及讲而未能成稿，已难确知。再如，讲稿行文往往节引典籍，颇有删略，我校读时发现，有的删节纯属与论题关系不大，有的删节则因为他能背诵全文而有意省略的（例如评康有为《大同书》时引《礼运篇》论大同那一大段文字，仅引首末两句，中标省略号，即属这种情况），即便后一情况，这次也仍其旧。至于讲义称典籍或用略名（例如以《汉志》指《汉书·艺文志》），称人名兼用字号里贯（例如以“丹棱”称南宋史家李焘），这些原就是中国文化史知识，在阅读中也是不难掌握的。毋庸赘言，《国学讲演录》评介国学经典的研究成果与参考书目，进而言之，包括讲义的若干用语与提法，都定格在成稿当年的节点上，读者对此想必是能理解的。

流金师指出："对中国古代文化的评价，并不等于对我国四部书的评价。"（《引言》）也就是说，国学并不完全等同于中国文化史；但谈及为什么要讲国学时，他又认为，"主要是想让大家了解一点我国古代的文化"，这是基于国学构成了传统文化的主干与核心。为了全面呈现流金师对国学与中国文化的立场与观点，本书选了他相关六篇文章作为附录，有几篇在不同场合也作过讲演稿。

《中国文化三题》与《论新中国文化的创造》，可视为流金师对中国文化的总体观。前文作于1987年，即讲"国学概论"课同时，论述了中国历史与中国文化的关系，勾勒了中国文化的形成概况，探讨了向西方学习和全盘西化的问题。他的结论是：中国"在一个很长时期，以优秀的、先进的文化，熔铸各族于一炉，同时也吸取了各族优秀的东西"；"以迄近代的接受西方文明，莫不是在学习先进，取其有用之物，来提高自己，丰富自己"；而"这种学习，也就是取人所长，去己所短，一方面吸收输入外来之学说，一方面不忘本来民族之地位"。与此同时，他也强调："我们文化中也有许多坏东西"，诸如"血统论"、"朕即国家"；而"迷信神、迷信鬼、迷信领袖（天王圣明，臣罪当诛）绝对不是科学的态度"。《论新中国文化的创造》作于鼎革前夜的1949年3月，文章以历史的观点讨论整个中国文化衍变与社会经济基础的互动关系，再将中西文化作宏观的比较，而后认为，“近代以前的西洋文化和我们的文化，是大同而小异的”，及至资本主义生产方式兴起，“我们的文化和近代的西洋文化才大不相同”。他的结论是：“新中国文化的创造需要一个根本的技术的革命和社会政治的革命”；而“在某一阶段，不适合的文化，就必须加以人为的力量，使之迅速告退”。这一结论迄今读来仍具穿透力。

《历史的真实与通变》与《谈历史人物的研究》是对讲稿中《史学通说》的提升与推进。前文结合自身的读史体悟、治史经验与人生阅历，在历史观、史料学与史学方法论诸层面都有独到的阐发，内容涉及理论的学习与运用，史料的辨证与阐释，史事的认识与把握，史感的全局性与史识的通贯性，历史学的尊严，治史者的良心，说者胜义纷披，读者启迪良多。在后文中，他结合自己的研究，对历史人物研究的重要性与全局观，人物个体与时代、地域及群体的关系，历史传记的表现手段与叙事风格，娓娓道来，示人门径，予人金针。

《国学讲演录》论经学之在魏晋另一种表现时，特别注明参见他的《玄学略论》，故将其与《玄学与诗》都收为附录。两文所论都属于流金师治史专长所在，分别讨论了玄学与经学的关系，玄学对社会政治、人际关系、学风文风与诗歌创作的影响，自应视为对讲义相关论述的补充与发挥。他在《玄学略论》里引阮籍《咏怀》论魏晋玄学与政治的关系，读来令人动容：阮籍“既不能死去，又不能变节以求荣，在那种残酷的政治斗争中，优劣之势已经判然，绝望是必然的”；还说，有些好诗，“年轻时所不懂的，年纪大了，就懂了”。

最后，寄语试图一窥中国传统文化的入门者，原先不懂的，读了这册小书，你们也一定会懂的。

目 录

引　言

国学就是中国之学。中国古代文化典籍是非常丰富的，《汉书·艺文志》根据刘向、刘歆的分类，把它分为七略，即辑略（集略）、六艺略、诸子略、诗赋略、兵书略、术数略和方技略，大凡三万三千九十卷。魏荀勖分为四部，甲部为六艺和小学，乙部为诸子，丙部为史学，丁部为诗赋。至隋始以经、史、子、集为四部，至清不改。国学也就是四部之学。

四部之学，包括的范围极广，文学、史学、哲学当然都包括。医学、农学，我国古代是十分出色的。还有军事学，如《孙子兵法》，以现代的眼光来看，无疑地也依然是杰出的。我们要讲的，只能限于哲学、史学和文学。这个内容就十分丰富，只能讲个大概。

为什么要讲这一门课呢？主要是想让大家了解一点我国古

代的文化。我国古代文化光辉灿烂，这是没有问题的。到过北京，看到天坛、长城，无不为之惊叹。在西安参观秦兵马俑，看昭陵、乾陵，你们大概也会为二千年前和一千三百年前的人们的思想、技术、力量所慑服。你们读《论语》，能不为那一位伟大教师的“学而不厌，诲人不倦”，“爱之，能勿劳乎，忠焉，能勿诲乎”的肺腑之言所感动吗！读《孟子》，“庖有肥肉，厩有肥马，民有饥色，野有饿莩，此率兽而食人也！”对那些无视人民痛苦的国君、贵族，他不禁破口大骂了。孔子和孟子是儒家，他们的书，在我国近现代史中，有好几回是要被焚的，但其中肯定是有一些好东西，我们是要拿过来的，是要继承的。

最近，我看到一篇文章，说中国文学的传统不如人，没有史诗，没有戏剧，小说也差劲。没有史诗，是个事实。戏剧，在元朝就很发达。元灭宋是1279年，为明所灭是1368年。关汉卿是元人，著名戏剧《窦娥冤》，这是人人都知道的。这位作者还说，秦汉以后，文学上继承的不是《楚辞》，而是《诗经》，很为此惋惜。《楚辞》是南方的文学，《诗经》代表的当然是北方。过去，总是风骚并提。从形式上说，《诗经》比《楚辞》简单。春秋战国时期，南方的文化是很发达的。庄周、屈原都是南方人，他们的作品，文学价值也是很高的。《逍遥游》和《九歌》，都充满了幻想。但说秦汉以后我国文学继承的只是《诗经》，因而贬低我们的文学传统，就不合乎事实了。

也有文章说我们的史学还不成熟（大意如此）。在封建社会中，我国史学最为发达。二千年前，司马迁就提出他写作的目的是“究天人之际，通古今之变，成一家之言”，这是很了不起的。你们有兴趣，去翻一翻希罗多德的书，那只不过是一些纪事、纪闻的杂录，比起《史记》，就显得非常幼稚了。修昔底德的《伯罗奔尼撒战争史》（或译为《南希腊战争》），虽然完整地记述了这一次古代希腊的大战争，但和《史记》所记的战争比较，也就使人觉得浅得很！我们的史学并没有停止于此。刘知幾、杜佑、司马光、郑樵、章学诚都有发展，有贡献。以古为鉴的作史目的，实际上也是在史学的领域内对古今关系的一种解决。

对我国古代文化的评价，并不等于对我国四部书的评价，当然也不等于对我国古代史学、文学的评价。

有一种流行的见解，认为中国哲学家着重讲做人，西方哲学家着重讲求知，“中国哲学中认识论不占重要地位”。这也是不合乎事实的。先秦诸子，对“名实”问题的讨论，对天人关系的讨论，宋元学者对“道”与“器”的讨论，是不是认识论的问题呢？李约瑟教授认为，中国的科学技术，明以前，一直处于领先的地位，这是一个事实。这个事实，大概是没有人否认的。只着重讲做人，和这一事实是背离的；说中国“长于伦理而忽于逻辑”，和这一事实也是背离的。很难设想，没有正确的逻辑，能在科学技术方面跨出这么大的步子吗？！最近，冯契同志写了一部书，叫作《中国古代哲学的逻辑发展》，在论“哲学史上的认识论问题”时，对于这个问题，有很正确的见解，做了很好的分析。

我国古代思想重伦理，特别是儒家，当然也是事实。重伦理是不是也是个优良传统呢？我的答复是肯定的。伦理，用现代的话来说，就是重视正确对待人，正确处理各种关系。父子、兄弟、夫妇、朋友就是关系。我们现在说同志关系、师生关系、领导与被领导关系、个人与集体关系，这些关系也都要正确对待。研究这些关系并提出行为的规范，就是伦理学的任务。西方哲学，认识论求真，美学求美，道德学或伦理学求善。要建立社会主义的道德，也要有所继承。在这方面，我国古代确也有优良传统。国学概论这门课，对于我国古代文化的优良传统，都要讲到。当然，精华是与糟粕并存的。我希望，我能尽量做到：讲的都是国学中的精华。

下面，我将按照经学、史学、子学、文学四方面，也就是经、史、子、集四部分来讲。过去，我曾讲过经学和史学，这两部分的内容可以说是旧的了，当然，也不会完全和过去一样，也会有一些增删，会有一些新的东西。子学和文学，讲课的内容就是全新的了；这两个部分，是我业余的兴趣所在，从幼年开始，我就读《诗》，读《论语》、《孟子》和《庄子》，这两方面的兴趣，至老不衰。我以为学习历史，特别是中国史的人，必须有这两方面的知识。

经学举例

经学是我国学术思想的主干，辛亥革命之前，谈学术就不能不谈经学。两汉之前，我国学术思想，可以称为子学。子学即诸子之学。你们听过的孔学，便是其中的一种。此外，还有墨学、道学、名学等等。《史记》归纳为六家，《汉书·艺文志》别为九流。两汉便是经学的天下。魏晋的学术，称为玄学，但玄学和经学也是分不开的，老庄和周易并称“三玄”，王弼注《易》，何晏的名著就是《论语集解》。两宋是以理学著称的，二程朱陆的主要著作都在说经。清代学术，无论汉宋，无论古今，都不出经学的范围。我国思想史中，只有隋唐的佛学，和春秋战国的子学与经学无关，两汉以后，脱离经学的学术思想是不存在的。

子学经秦火，特别是项羽在咸阳放了那一把三月不熄的火之后，的确是达到了存亡绝续的地步。秦以前，一个有本事的人，是被称为“说礼乐而敦诗书”的。庄子的《天下》篇和荀子的《解蔽》篇，是综论当时学术思想的著作。《天下》篇说：“《诗》以道志，《书》以道事，《礼》以道行，《乐》以道和，《易》以道阴阳，《春秋》以道名分。”《礼》《乐》《诗》《书》《易》《春秋》，都是儒家的经典。《解蔽》篇以为：“墨子蔽于用而不知文，……庄子蔽于天而不知人。”以为只有孔子“仁知且不蔽”。上面所说的那些经典，都是和孔子有关的，是古代知识的总汇。司马迁作《儒林列传》（《史记》卷一二一），说：“及至秦之季世，焚诗书，坑术士，六艺从此缺焉。”这批术士，即所谓的儒生，秦始皇怕他们不顺从他所立的法度，把他们骗到种满了瓜的骊山之下，说是让他们发表意见，正当他们议论纷纷之际，“因发机，从上填之以土”，把他们都压死了。侥幸生存下来的，仍居住在齐鲁之地（今山东）。《史记》曾描写过项籍被杀之后，鲁被围不下，“鲁中诸儒尚讲诵习礼乐，弦歌之音不绝”（《史记》卷七及卷一二一）。项羽曾被楚怀王封为鲁公，鲁人为他守节，最后还是从城上把项羽的头给鲁人看了，鲁国才投降的。齐鲁在当日，文化程度是最高的。《论语》中说：“齐一变，至于鲁；鲁一变，至于道。”

《史记》还有一篇叔孙通的传，说叔孙通是个儒者，秦时是个待诏博士，初归汉时，常穿儒服，刘邦不欢喜他。至于他是否也被刘邦脱掉帽子，在里边撒过尿，就不知道了。（《史记》卷九七《郦生陆贾列传》：“沛公不好儒，诸客冠儒冠来者，沛公辄解其冠，溲溺其中。”）叔孙通大概也是很识相的，跟他一道投奔刘邦的弟子有一百多人，他一个也不向刘邦推荐，推荐的尽是“群盗壮士”。刘邦打败项羽之后，叔孙通当了博士，制定朝仪，使刘邦知道为皇帝之贵和“马上得之，不能以马上治之”的道理。叔孙通的门徒，都拜为郎，叔孙通就被这些门徒称为“圣人”了。

《儒林列传》云：“叔孙通作汉礼仪，因为太常，诸生弟子共定者，咸为选首。……然尚有干戈，平定四海，亦未暇遑庠序之事也。孝惠、吕后时，公卿皆武力有功之臣。孝文时颇征用，然孝文帝本好刑名之言。及至孝景，不任儒者，而窦太后又好黄老之术，故诸博士具官待问，未有进者。及今上即位，赵绾、王臧之属明儒学，而上亦乡之，于是招方正贤良文学之士。自是之后，言《诗》于鲁则申培公，于齐则辕固生，于燕则韩太傅（即韩婴）。言《尚书》自济南伏生（伏胜，字子贱）。言《礼》自鲁高堂生（高堂伯）。言《易》自淄川田生（何）。言《春秋》于齐鲁自胡毋生（胡毋子都），于赵自董仲舒。”这就是汉武帝时所立的五经博士，博士弟子五十人，复其身。

上面说到的申培，曾经在鲁见过刘邦。吕后时，他还到过西汉的都城长安，和刘郢一道向浮丘伯受诗。后来刘郢被封为楚王，申公做他的太子刘戊的师傅。戊不好学，讨厌申公，刘郢死了，他处申公以腐刑。申公便退居故乡，杜门不出。但学生还是不少，“自远方至受业者百余人”。教以《诗》，不写讲义，讲不出的就不讲，不知为不知。他的学生王臧、赵绾，武帝时一个为郎中令，一个为御史大夫，向皇帝极力推荐他们的老师。武帝便派使者带了礼物，准备了又大又宽敞（安车驷马）的马车把他接到长安，那时，申公已经八十多岁了，武帝问以政事，他说：“为治者不在多言，顾力行何如耳。”武帝不高兴。

辕固生就是当面斥责公孙弘“无曲学以阿世”的人，那时，他已九十多岁了，人生道路上，有过无数的坎坷。为博士在景帝时。

最早立的博士是伏生的《尚书》。汉文帝时，访求专门研究《尚书》的人。那时，他已九十多岁，文帝便派了晁错去向他学习。他当时见到的《尚书》只有二十九篇。

秦朝的博士有七十人，他们的职务是“通古今”，既掌诗书，又掌百家之言。文帝时，据说博士也有七十多人。《尚书》的博士就有伏生，《诗》的博士就是申培和韩婴。伏生死后，欧阳生便为《书》博士。

汉武帝崇儒术，斥百家。博士由“通古今”变为“作经师”。《汉书》卷八八《儒林列传》云：

> 及窦太后崩，武安君田蚡为丞相，黜黄老刑名百家之言，延文学儒者以百数，而公孙弘以治《春秋》为丞相，封侯，天下学士靡然乡风矣。……昭帝时，举贤良文学，增博士弟子员满百人。宣帝末增倍之。元帝好儒，能通一经者皆复。……郡国置五经百石卒史。成帝末……增弟子员三千人。

同书赞曰：

> 自武帝立五经博士，开弟子员，设科射策，劝以官禄，迄于元始（平帝年号，公元1—5年），百有余年，传业者浸盛，支叶蕃滋，一经说至百余万言，大师众至千余人，盖禄利之路然也。初，《书》惟有欧阳（伯和），《礼》后（苍），《易》杨（何），《春秋》公羊（高）而已。至孝宣世，复立大小夏侯（胜、建）《尚书》，大小戴（德、圣）《礼》，施（雠）、孟（喜）、梁丘（贺）《易》，穀梁（赤）

《春秋》。至元帝世，复立京氏（房）《易》。平帝时，又立左氏（丘明）《春秋》、毛（公）《诗》、逸《礼》、古文《尚书》。

至是，《易》有施、孟、梁丘、京四博士，《书》有欧阳、大小夏侯三博士，《诗》有齐、鲁、韩三博士，《礼》有大小戴二博士，《春秋》有严（彭祖）、颜（安乐）二博士。五经博士，遂分为十四。

皮锡瑞《经学历史》云：

汉人治经，各守家法，博士教授，专主一家，而诸家中，惟鲁、齐、韩《诗》本不同师，必应分立：若施雠、孟喜、梁丘贺同师田王孙，大小夏侯同出张生，张生与欧阳生（伯和）同师伏生（胜），夏侯胜、夏侯建又同出夏侯始昌，戴德、戴圣同师后苍，严彭祖、颜安乐同师眭孟，皆以同师共学而各颛门教授。

西汉立了这么多的博士，宫廷里也讲究藏书，最著名的有天禄阁、延阁、广内、秘室。政府的藏书，有太史和博士的官署。专门有写书的官，天天抄书。成帝时，还派谒者陈农四出访书，又命大学者刘向校经传、诸子、诗赋，任宏校兵书，尹咸校数术（占卜之书），李柱国校方技（医药之书）。每一部校完，由刘向列其篇目，撮其大要，写成一篇评论上奏。刘向是当时学问最为渊博的人。这是我国第一次对于古籍的整理，是一次学术总结性的工作。刘向不幸死去，他的工作没有做完，虽然他已做了二十年。他的儿子刘歆继承他的事业。歆任职之后，就综合群书，编成《七略》。当他父亲在世时，刘歆就担任助手，曾经发现了一部古文字（籀文）的《春秋左氏传》，引传文来解经，于是便有了《左氏传》的章句（皮锡瑞以为“左氏宗各国之史以成书”）。他很喜欢这部书，认为左丘明的爱憎就是孔子的爱憎，比公羊、穀梁要可信得多。公、穀所记的都得自传闻，是七十二弟子的门徒搞的。这当然是不错的。但《春秋》和孔子的关系，是孟轲第一个说出来的。孟子说：“孔子作《春秋》，而乱臣贼子惧。”孟子时，《春秋》有没有传，谁也不知道。战国诸子以及汉人所引的《春秋》，常常出于《公羊传》。董仲舒和胡毋生两位《春秋》学专家，学的都是《公羊传》。《公羊》大概是最古的，《公羊》之后，才有《穀梁》。“公”“穀”是双声，“羊”“梁”是叠韵。传《春秋》的为什么这么巧，都是复姓，而且差不多是同音的复姓？这就很可能和《诗》《书》

一样，《诗》分三家，《书》分三家，各立门户。于是《春秋》也要分了。顾颉刚先生说，这就正如北京的剪刀店，有了王麻子，再有汪麻子；杭州的剪刀店，有了张小全，再有张小泉。刘歆在皇家图书馆，见到了这部左丘明写的书，讲《春秋》时史事，详细而有趣味，于是便说它是左丘明为《春秋》而作的传，立意要表彰一下。于是便把这部真材料的伪书，和《毛诗》、《逸礼》、古文《尚书》一道，请求列为博士之官。哀帝叫他和五经博士讨论，博士们都不赞成，他便写了一封信，这便是有名的《让太常博士书》，现保存在《汉书》卷三六《刘歆传》中，其略云：

（孔子）自卫反鲁，然后乐正，《雅》《颂》乃得其所。修《易》，序《书》，制作《春秋》，以纪帝王之道。及夫子没而微言绝，七十子终而大义乖。重遭战国，弃笾豆之礼，理军旅之阵，孔氏之道抑，而孙吴之术兴。陵夷至于暴秦，燔经书，杀儒士，设挟书之法，行是古之罪，道术由是遂灭。汉兴……法度无所因袭。时独有一叔孙通，略定礼仪，天下惟有《易》卜，未有它书。至孝惠之世，乃除挟书之律，然公卿大夫绛、灌之属，咸介胄武夫，莫以为意。至孝文皇帝，始使掌故晁错从伏生受《尚书》。《尚书》初出于屋壁，朽折散绝。……至孝武皇帝，然后邹鲁梁赵颇有《诗》《礼》《春秋》先师。……当此之时，一人不能独尽其经，或为《雅》，或为《颂》，相合而成。《泰誓》后得，博士集而读之。……时汉兴已七八十年，离于全经固已远矣。及鲁恭王坏孔子宅，欲以为宫，而得古文于坏壁之中，《逸礼》有三十九篇，《书》十六篇（即古文《尚书》）。天汉之后，孔安国［家］献之，遭巫蛊仓卒之难，未及施行。及《春秋》左氏丘明所修，皆古文旧书，多者二十余通，藏于秘府。……孝成皇帝闵学残文缺，稍离其真，乃陈发秘藏，校理旧文，得此三事，以考学官所传，经或脱简，传或间编。传问民间，则有鲁国桓公、赵国贯公、胶东庸生之遗学与此同，抑而未施。此乃有识者之所惜闵，士君子之所嗟痛也。……信口说而背传记，是末师而非往古。……犹欲保残守缺，挟恐见破之私意，而无从善服义之公心；或怀妒嫉，不考情实，雷同相从，随声是非，抑此三学。……甚为二三君子不取也。

这封信发出之后，刘歆被攻击得很厉害，在哀帝保护下，刘歆离开京城，到外面做了几任官。

这封信中提到的《逸礼》、古文《尚书》、《左传》，就是后来所说的古文经。西汉所立的十四博士（《诗》三家、《书》三家、《易》四家、《礼》二家、《春秋》二家），便是所说的今文经。今文，就是用汉代通行的隶书写的。从此，经学便分为两派。

两派对立，开始是因为那些博士怕比他们详细的东西一旦也和他们研究的东西一样被官家承认，饭碗可能被打破。

今古文的争论，是从刘歆与太常博士的争论开始的。刘歆以为今文经残缺甚多，要用古文经来补校。今文经的博士们，则以为他们所习的经都是完整无缺的。这个争论从哀帝时起，一直到汉末。汉末的争论，为《春秋左氏传》与《春秋公羊传》之争。《后汉书》卷三五《郑玄传》云：

> 时任城何休好公羊学，遂著《公羊墨守》（墨，墨翟。墨守，如墨翟之守城，不可拔，喻其义深远，不可诘难也。）、《左氏膏肓》、《穀梁废疾》。玄乃发《墨守》，针《膏肓》，起《废疾》。休见而叹曰："康成入吾室，操吾矛，以伐我乎！"

经今文家认为孔子是素王（素，空也，言无位而王之也），六经大部是他作的。经就是"天经地义"，"通经"

以“致用”。主张“以《春秋》决狱，以《禹贡》治河，以三百五篇当谏书”。汉武帝的太子据因巫蛊之难，逃到湖县自杀。昭帝时，忽然有个人，穿黄衣服，戴黄帽子，坐了一辆黄牛拉的车，车上插满了黄旗子，来到宫门，自称是武帝的太子。昭帝叫大臣去看是否真是太子，谁也不敢说是，也不敢说不是。有个叫隽不疑的，最后来，一来就叫人把那个穿黄衣服的人捆起来。旁人劝他不要太鲁莽。他说，就是真太子，也要捆。从前卫灵公的太子蒯聩得罪了父亲，出奔在外。灵公死了，叫孙儿辄继位。蒯聩回到卫国，辄拒而不纳。《春秋》说他做得对，因为他服从的是祖父的命令。太子得罪了武帝，逃在外面不死，回来依然是个罪人，应当法办。昭帝和霍光对隽不疑很佩服，认为只有像他这样的读书人，才懂得这样的大道理。（《汉书》卷七十一《隽不疑传》）《春秋》有很多诛心之论，西汉也有很多冤狱，《汉书·艺文志》载有《公羊董仲舒治狱》十六篇，一定说了许多以《春秋》治狱的道理，可惜现在不传了。

《禹贡》是《尚书》中的一篇，记载了大禹治水的经过，以之治水，当然只能作为参考。一定要照《禹贡》的办法，治水只有两途：一是分泄，一是挖深。这对于当时治理黄河，就很不够了。

《诗经》里的第一篇《关雎》明明是爱情诗，和后妃之德毫无关系，西汉学者匡衡，却以这篇诗诫后妃：“致其贞淑，不贰其操。情欲之感，无介乎容仪；宴私之意，不形乎动静。夫然后可以配至尊而为宗庙主，此纲纪之首，王教之端也。”（《汉书》卷八一《匡衡传》）匡衡这个人，是精于《诗》的，本传说他“语《诗》解人颐”，说《诗》时叫人发笑；又说当时的儒者相传：“无说《诗》，匡鼎来。”可他却把这单相思的诗，说成了道德的教条。

在今文学家看来，孔子是位教主，是素王。五十多年前，钱宾四先生说：“大抵今文诸家，上承诸子遗绪，用世之意为多。古文诸家，下开朴学先河，求是之心为切。”（《国学概论》第一二二页）董仲舒对策，讲天象与人事之关系，即所谓天人相与之学。皮锡瑞云：“汉有一种天人之学，而齐学尤盛。伏传五行，齐诗五际（五际，《汉书》卷七五《翼奉传》颜师古注云：“阴阳终始际会之岁，于此则有变改之政也。”《诗纬》谓：“亥为革命，一际也。亥又为天门，出入候听，二际也。卯为阴阳交际，三际也。午为阳谢阴兴，四际也。酉为阴盛阳衰，五际也。”），《公羊春秋》多言灾异，皆齐学也。《易》有象数占验，《礼》有明堂阴阳，不尽齐学，而其旨略同。”汉代遇日食、地震，皇帝不下诏罪己，则策免三公。仲舒是治《公羊传》的大儒，他说天人相与，以灾异之变说《春秋》，都不是孔子以来儒者的本旨。仲舒之外，西汉大儒刘向，也以阴阳灾异说经。《汉书》卷二七《五行志上》叙曰："周道敝，孔子述《春秋》，则乾坤之阴阳，效《洪范》之咎徵，天人之道，粲然著矣。汉兴，承秦灭学之后，景、武之世董仲舒治《公羊春秋》，始推阴阳，为儒者宗。宣、元之后刘向治《穀梁春秋》，数其祸福，传以《洪范》，与仲舒错（互不同也）。"顾颉刚先生说，汉代人思想的骨干，是阴阳五行。京房是专治《易经》的博士，他对汉元帝说："今陛下即位已来，日月失明，星辰逆行，山崩泉涌，地震石陨，夏霜冬雷，春凋秋荣……《春秋》所记灾异尽备，陛下视今为治耶？乱耶？"（《汉书》卷七五《京房传》）他也认为天人是相与的。经学家莫不具有阴阳家的色彩，是西汉经学的一个特征。冯友兰在《中国哲学史》中说："西汉经师，皆采阴阳家之言以说经。所谓今文家之经学，此其特色也。……天道人事，互相影响，西汉人深信此理。故汉儒多言灾异，君主亦遇灾异而惧。所谓三公之职，除治政事外，尚须调和阴阳。"

汉儒，实在和春秋战国的儒已经不同了。

谶纬在汉称为内学，是非常被尊敬的。《史记》卷六《秦始皇本纪》说：三十二年，始皇帝派人入海求不死之药，回来时带回一本图书，上面写着“亡秦者胡也”。始皇于是派蒙恬率三十万兵去打匈奴。三十六年，有个使者从东方来，路过华阴，有人手捧玉璧，拦住使者，请使者把璧带给滈池君，告诉他，这一年祖龙就要死了。话一说完，就不见了。始皇知道以后不高兴，说：“山鬼懂得什么，祖龙是人的祖先，未必就是我。”

“亡秦者胡”，“今年祖龙死”，都是预言。古人最相信这种东西，说是上帝带给人们的信息，叫它作谶。（《后汉书》卷八九《张衡传》：“立言于前，有徵于后……谓之谶书。”）春秋时，有秦谶，说秦穆公睡了七天七夜，醒来说见过上帝，上帝告诉他将来秦国怎么样，晋国怎么样。后来晋国的赵简子也照样睡了七天，醒来也说是见了上帝，在上帝面前射死了一熊一罴。上帝身边还有一只狗，上帝说等他的儿子长大后送给他。后来赵简子灭了晋国的世卿范氏和中行氏。他的儿子赵襄子灭了代国。这是赵谶。

经是直的丝，纬是横的丝，纬书是解释经书的。六经和《孝经》都有纬，名称上不同，内容却差不多。

谶纬之外，还有图书。最早的图书是从黄河和洛水里出来的，叫作河图、洛书。刘歆以为伏羲见了河图，照样画出来，成为八卦；大禹治水，上帝赐给他洛书，照样排出来，便成为《洪范》。河图是龙马驮出来的，洛书是神龟献的。图书大概是最古的谶纬。凡是六经中无法容纳的东西，都归入了图书。光武帝受命的赤伏符，就是其中的一种。这些书的名目，怪里怪气。什么《洛罪级》呀，《帝览嬉》呀，神秘得很。因为有图有书，有谶有纬，所以总称为“图书”“图谶”“谶纬”“谶记”“纬书”，或称“讳候”，那是因为《尚书纬》中有十数种“中候”的缘故。《四库》中现仅有《易纬》，玉函山房有辑佚数种。

这些东西的内容很复杂，有释经的，讲天文、地理的，讲文字、史事的，讲历法、神灵的，但其中心是阴阳五行。冯友兰先生以为：“阴阳家以五行、四时、五音、十二月、十二律（太簇、夹钟、姑洗、中吕、蕤宾、林钟、夷则、南吕、无射、应钟、黄钟、大吕）、天干、地支及数月等互相配合，以立一宇宙间架。”五行相生相克，水生木，木生火，火生土，土生金，金生水，五德终始。秦是水德，介于周（木德）汉之间，是闰统，故享国不永。根据五德终始，汉代造了一个古史的系统。太皞、伏羲、炎帝、神农、黄帝、少皞、颛顼、帝喾、帝尧、帝舜、禹、商、周、汉、新。神农、尧、汉都是火德，黄帝、舜、王莽是土德。新造的这个古史系统和政治是密切相关的。王莽即位之后，便封黄帝以至汉后为侯、伯、公。这个古史系统，直到康有为、崔适（《史记探源》的作者）才揭开它的迷雾。

《汉书·王莽传》说："是月（平帝崩），前烽光谢嚣奏武功长孟通浚井，得白石，上圆下方，有丹书著石，文曰：'告安汉公莽为皇帝。'符命之起自此始。"王莽托言符命代汉做皇帝。图谶那时候是有市场的，那时候也有宣传工作，宣扬谶纬就是它的主要内容。

王莽的统治垮了，刘秀起来，他也是个相信图谶的人。《廿二史札记》卷四《光武信谶书》条云："光武微时，与邓晨在宛，有蔡少公学谶，云刘秀当为天子。或曰：'是国师公刘秀耶？'光武戏曰：'安知非仆。'"刘秀"甚至用人行政亦以谶书从事"，桓谭"极论谶书之非经。帝大怒，以为非圣无法，欲斩之"，郑兴"数言政事，帝以其不善谶，终不任用"，"光武之信谶书，几等于圣经贤传，不敢有一字致疑矣。"范晔作《后汉书》，以为"世主以此论学，悲哉！"

东汉时，通七纬者为内学，通五经者为外学。七纬，即《易纬》《书纬》《诗纬》《礼纬》《乐纬》《孝经纬》《春秋纬》。《四库提要》经部易类六还有《易纬》若干种。《四库总目提要》卷六《易纬坤灵图》下云："《史记》自序引《易》：‘失之毫厘，差以千里’；《汉书·盖宽饶传》引《易》：‘五帝官天下，三王家天下’。注者均以为《易纬》之文，是也。”后汉儒者，郭泰（林宗）是很著名的，范史说他“夜观乾象，昼察人事”，谢沈《后汉书》说他“考览六经，探综图纬”。当时内学之被重视，可以想见。其间最能不为时代风气所限者有桓谭和王充。《后汉书》卷二八上《桓谭传》云：“是时帝方信谶，多以决定嫌疑……谭复上疏曰：‘……凡人情忽于见事而贵于异闻，观先王之所记述，咸以仁义正道为本，非有奇怪虚诞之事。盖天道性命，圣人所难言也，自子贡以下，不得而闻，况后世浅儒能通之乎？今诸巧慧小才，伎数之人，增益图书，矫称谶记，以欺惑贪邪，诖误人主，焉可不抑远之哉？’”他还劝光武帝：“屏群小之曲说，述五经之正义。”同书卷四九《王充传》（全录自谢著《后汉书》）载充事甚简，《论衡·自纪》篇可通读。《论衡》一书，实当时之杰作，其《初禀》篇驳受命于天之谬说，以为“受性，则受命矣，性命俱禀，同时并得”，“自然无为，天之道也”，受命于天，则天道有为矣。《变虚》篇驳斥天人相与，说人之诚不能感天，天亦不能因人言之善恶而有所改变，他举“荧惑”之例说明，天绝不会因宋景公说了许多好话而有所感动的。他疾虚妄，斥谶纬，《问孔》《刺孟》《非韩》，反对章句，反对天人相与，反对尊古卑今，他在本质上还是一个孔子的信徒。钱宾四先生说他有转移三百年学术思想的大功，开魏晋玄学的新局。

孔融曾被路粹告过一状，说他和祢衡议论父母和子女的关系，孔融的看法和《论衡》的《物势》篇、《自然》篇说的极其相似，都是以为物自生，子自成，天地父母是没有什么目的的。《自然》篇云："天地合气，万物自生，犹夫妇合气，子自生矣。"《物势》篇云："儒者论曰：天地故生人。此言妄也。夫天地合气，人偶自生也；犹夫妇合气，子则自生也。"比孔融晚一些的阮籍，说君子之处域内，何异乎虱处裈中，和《物势》篇中所说的"人之于天地，犹鱼之于渊，虮虱之于人"，也是相同的，嵇康非汤武而薄周孔，继承了仲任的精神，而又加以发展。

古文是后起的。

今文盛于西汉，其时，立了十四博士。古文后起，《隋书·经籍志》云："……言五经者，皆凭谶为说。惟孔安国、贾逵非之，因所得古文，参而考之，以成其义，谓之古学。"十三经中，除了何休的《公羊传》以外，都是古文。《周易》是王弼、韩康伯注的，《毛诗》、三礼都是郑玄注笺的，注《左传》的是杜预，注《穀梁》的是范宁，注《论语》的是何晏，注《孝经》的是唐玄宗，注《尔雅》的是郭璞，注《孟子》的是赵歧。其中，王弼、杜预、范宁、何晏、郭璞是晋人。

古文《尚书》、《左传》、《毛诗》、《逸礼》，平帝时立于学官，光武时罢去。但古文在东汉很盛。杜兴、郑众、贾逵、马融说经，决不取今文家言。《后汉书·儒林传》谓郑众传《毛诗》《周官》等。范晔《儒林传》论曰：博士所在的地方，学者不远万里而至，有些大师，门下不下万人。谈的是仁义，传的是圣法，"故人识君臣父子之纲，家知违邪归正之路"。这些古文学家，尊孔子为先师，把孔子看作史学家，相信他述而不作，信而好古，不像今文学家那样，以为六经是孔子作的，而且是为汉而作，把孔子看作素王，视之为神。

东汉的经学大师马融，扶风人，"博通经籍"，"教养诸生，常有千数。涿郡卢植、北海郑玄，皆其徒也"。（《后汉书》六十本传）

《郑玄传》云："造太学受业"，通了好几种经后，"以山东无足问者，乃西入关，因涿郡卢植，事扶风马融。……融素骄贵，玄在门下，三年不得见，乃使高业弟子传授于玄。……会融集诸生考论图纬，闻玄善算，乃召见于楼上，玄因从质诸疑义，问毕辞归。融喟然谓门人曰：'郑生今去，吾道东矣。'"党事起，郑玄"隐修经业，杜门不出"。死后，他的学生门人整理了他论注的经籍，"凡百余万言"。范晔说：郑玄集各家之长，把那些烦琐的、诬罔的东西删去，使学者知所归依；我的祖父（范宁）很称赞他，以为孔子那些弟子都超不过他。

郑玄合今古为一，创一家之言。他学的京氏《易》、公羊《春秋》、《礼记》、韩《诗》，是今文家；《周官》、左氏《春秋》、古文《尚书》是古文家。他的著作，《毛诗笺》、三礼注，今见于《十三经注疏》，他笺《诗》以毛本为主，而亦用三家；其他经注亦然。他是以古文学为主而兼采今文学的。

郑学既行，反郑学的则有王肃。王肃的父亲叫王朗，就是《三国演义》里那位被诸葛亮骂得狗血淋头的人。王肃师事杨赐，杨氏世传欧阳（伯和）《尚书》。王肃又好贾逵、马融之学，原来也是一位杂今古文学为一的人。他以今文攻郑玄的古文，以古文攻郑玄的今文。《三国志》卷一三《王肃传》云："肃善贾、马之学，而不好郑氏，采会同异，为《尚书》、《诗》、《论语》、三礼、左氏解，及撰定父朗所作《易》传，皆列于学官。"但这个人是伪书造作者，他的外孙，又是西晋的武帝司马炎。皮锡瑞《经学历史》云："肃伪作孔氏诸书，并郑氏学亦为所乱。以晋武帝为其外孙，其学行于晋初。”上面所说的王肃的那些书之所以被列于学官，当然也和这种关系分不开。皮锡瑞又云：“晋元帝修学校，简省博士，置《周易》王氏，《尚书》郑氏……所立博士，无一为汉十四博士所传者，而今文之师法遂绝。”

魏晋玄学是经学的反动，但它又是经学在魏晋南北朝时期的另一种形式的继续。王充、马融是开玄学之先河的。王弼注《周易》，作《周易正义》；何晏作《论语集解》；杜预作《春秋释例》（世所称之集解，其所发明者为左氏，《提要》谓：“《左传》以杜解为门径。”）；东晋范宁，集解《穀梁》。南朝分文、史、玄、儒为四科，梁皇侃之《论语疏》，言简而意博，亦玄学之遗风。皮锡瑞《经学历史》云：“世传十三经，除《孝经》为唐明皇御注外，汉人与魏晋人各居其半。”除上所言，还有郭璞注的《尔雅》。王弼、何晏，祖尚玄虚，尊经之人，谓“二人之罪深于桀纣”（《晋书》卷七五《范宁传》）。皮氏以为“王弼《易注》，空谈名理，与汉儒朴实说经不似”。这就说明了经学之在魏晋，是有另一种表现的。（关于这个问题，可以参见我所作的论文《玄学略论》。）

唐人治经，袭汉儒之余绪，孔颖达奉唐太宗之命，撰《五经正义》共一百八十卷。同修《正义》者十余人，贾公彦最有名。《易》主王弼，《书》主孔安国，《诗》《礼记》《周礼》皆主郑氏。今《十三经注疏》《周易》《尚书》《毛诗》《礼记》《左氏春秋》等正义，均署孔颖达名；《周礼》《仪礼》正义均署贾公彦。唐以《易》、《书》、《诗》、三礼、三传为九经。《礼记》《左传》为大经，《毛诗》《周礼》《公羊》为中经，《周易》《尚书》《仪礼》《穀梁》为小经。其分大、中、小三等者，以经文多少为标准。用以取士，不得不然。

《困学纪闻》（宋王应麟著）说自汉儒至于宋代庆历，说经者均守训（但魏晋是个例外）。庆历之前，王禹偁也是别为新解的。钱穆谓："宋学精神，厥有两端，一曰革新政令，二曰创通经文。"庆历之时，李觏、司马光之《疑孟》，苏轼、苏辙之非《周礼》与讥《书》，晁说之黜《诗序》，那就不是一个人两个人的事。刘敞作《七经小传》（七经指《书》、《诗》、三礼、《公羊》、《论语》），王安石作《三经新义》，则标立新义，鄙视故说。程伊川（颐）之《易传》，专明义理。苏东坡之《书传》，则议论横生，虽所驳多及于安石，而讥《胤征》《顾命》，引《孟子》"尽信《书》则不如无《书》”之言，则与汉唐诸儒南辕而北辙。孔安国《尚书传》，吴棫始疑之，朱熹则以为其书是假的（《朱子语类》），真是千古卓识，后来清儒详密论证之。朱熹作《诗集传》，就诗论诗，以《氓》为弃妇之词，《木瓜》为男女互相答赠，《将仲子》为淫奔之诗。先于朱熹，对诗持新释者，还有不少人，欧阳修、苏辙、郑樵最为著名。

两宋在思想上是我国第三次思想解放的时代。五四时期，有不少学者，以为我国的近代史，当自宋始。宋太祖不立田制，不抑兼并；遗命不杀士大夫；两宋镇市和过去的大不相同；农业的单位面积产量之逾越前代，都是这种思想解放的背景。当然，在政治上之倚士大夫为治，也是十分重要的。宋人治经，讲究义理，是为经学史上的又一大变化。其后又生出心学一派，独树一帜，至明中叶而始大炽。其代表人物是陆九渊（宋）和王阳明（明），称为“陆王心学”。钱穆说宋人给后世留下了两大问题：一为“万物一体”，一为“变化气质”。其说甚略，其义尤精。初学宋明理学者，可以抓住这两个问题，寻绎理学和心学发展的曲折线索，求得入门。

以下叙述清代学术。梁启超为蒋百里《欧洲文艺复兴史》作序，序文与原文相当，成为一种独立之著作，名曰《清代学术概论》。讲清代学术，这本书是最好的一本。钱穆先生作《中国近三百年学术史》，则皇皇巨著矣。我于此不过稍作一勾勒，盖有助于你们读此二书。

梁启超评论清代学术的开论，用了一句最恰当的话，就是“以复古为解放”。清初顾炎武，一反明儒的空疏，绝口不谈心性。他认为孔子不言性与天道，“好古敏求”，“行己有耻”。以为“士而不言耻，则为无本之人；非好古而多闻，则为空疏之学”。在他看来，“舍经学便无理学”。

黄梨洲则以为，“修德而后可讲学”（《明儒学案序》），“读书不多，无以证斯理之变化。多而不求于心，则为俗学”。至于颜习斋，则以为“必破一分程朱，始入一分孔孟”，清初抨击理学者，此为最力。《存学编》云：“以读经史、订群书为穷理处事，以为求道之功，则相隔千里。以经史订群书，为即穷理处事，而曰道在是焉，则相隔万里矣。”他还说北宋时，“生三四尧孔，六七禹颜”，后来南渡，又生三四尧孔，六七禹颜，但没有一人能扶危济难，没有一个人可以为相、为将，把天下拱手与金、与元，多圣多贤，有什么用！

顾炎武著述，除《音学五书》外，有《日知录》、《天下郡国利病书》和《肇域志》，《肇域志》是还没有定稿的长编。

他反对模仿，反对依傍。其《日知录》自序云：我从小读书，有所得便记下来，不断地修改，凡是过去有人说过的，便删掉它。他给友人的信说：你作诗的毛病，就在于其中有杜，你文章的毛病，就在于其中有韩、欧；这一点不改掉，你一辈子都依傍人家过日子。他主张学问要有创见。

《四库提要》说顾炎武学有本原，博瞻而能贯通，一事必详其本末，有佐证，才写出来，引校浩繁，而没有什么矛盾。论事必有证据，孤证是他所不取的。

他服膺孔子"载诸空言，不如见诸行事"之言，认为学问应该有益于国计民生。

汪中为《国朝六儒颂》，列顾氏为第一。炎武实开有清一代的学风，对思想界影响至大。

黄宗羲反对俗学，以为通经不足，必兼读史。他写了一部《明儒学案》，梁启超以为这是我国有学术史之开始。他的名著《明夷待访录》以为：为君者，"以天下之利尽归于己，天下之害尽归于人。……以我之大私为天下之大公，……视天下为莫大之产业。……凡天下之无地而得安宁者，为君也。……而小儒规规焉，以君臣之义，无所逃于天地之间"。他不赞成"有治人无治法"之说，主张"有治法然后有治人"。

颜元，字习斋。其立言但论是非，不论异同；是，则一二人之见不可易也；非，则虽千万人所同，不随声也。（钟锼著《颜习斋先生言行录·学问篇》）他反对以读书为学问，他说：做医生，只读医书千万卷，详说熟读，便自以为是国手，这是妄人。“书日博，识日精，一人倡之，举世效之，岐黄盈天下，而天下之人病相枕，死相接也。”（《存学编》）习斋不独反对空谈义理，连考证之学也反对了。他的学生有李塨，有王源，然其学不昌。新会梁氏以为颜学类墨，故不得传。

晚清常以王夫之与顾炎武、黄宗羲为清初三大思想家，但王氏在当时不为人所知。

王夫之，生于衡阳，明亡后居船山，故又称王船山。他深痛王学之弊，欲使明学之复归于宋，对于张载（“为天地立心，为生民立命，为往圣继绝学，为万世开太平”）极推崇，他的《读通鉴论》《宋论》，往往有新解；其注释老庄之书（《老子衍》《庄子解》）亦极可喜，兼及佛书。谭嗣同说：“五百年来学者，真通天人之故者，船山一人而已。”

顾炎武开朴学，黄宗羲创史学，王夫之立哲学。在这一讲里，我们只讲朴学。

力攻古文的阎若璩，是山西太原人，其名著为《古文尚书疏证》。这部著作专辨东晋晚出的古文《尚书》十六篇及同时出现的孔安国《尚书传》皆为伪书。顾炎武反对八股文，谓八股之害，甚于焚书。阎若璩说学者不通古今，到了明朝，大家都作时文（八股文），其害达于极点。

古文《尚书》之伪，宋元人（朱熹、吴澄）都有过怀疑。但他们都有所畏惮而不敢做断语。梁启超说："此伪书者，千余年来，举国学子人人习之，七八岁便都上口，心目上恒视为神圣不可侵犯；历代帝王，经筵日讲，临轩发策，咸所依据尊尚；毅然悍然辞而辟之。非天下大勇固不能矣。"六经，自汉以后，不许批评。韩愈诗说："周诗三百篇……曾经圣人手，议论安敢到。"一有非议，便陷于非圣无法。六经，像西方中古时《圣经》一样，是议论不得的。阎之疑古文《尚书》，确证其为伪，是思想上的一大革命。梁启超的话是说得很对的。

胡渭《易图明辨》，也是一部大著作。它辨明宋以来的《河图》《洛书》，传自邵雍。雍得之于李之才，之才得自道士陈抟，并不是伏羲、文王、周公、孔子的东西，和《易》义毫无关系。《河图》《洛书》中所说的"无极""太极"，后成宋学核心。宋儒言理，言气，言数，言命，言心，言性，都与此有关。这样一来，《易》当还诸羲、文、周、孔，《图书》还诸陈、邵，孔子和宋学分开来了。从此，学者才知道欲求真理，除"太极""无极"之外，还有别的方法。这种方法，即朴学的方法。后来，胡适把它概括为用文字学（字音的变迁，文字的假借、通转）、训诂学（用物观的证据来解释古书文字的意义）、校勘学（校正古书文字的错误）、考订学（考订古书真伪、古书作者及一切和作者有关的问题）的方法来纠正前人随意改古书的文字，那些人因不懂古音而用后世的音来读古代韵文，以致增字说经，望文生义［如《论语》“君子耻其言而（之）过其行”的错误］。他把这种方法说成是“大胆假设，小心求证”。

清初学术思想，实宋明理学之反动。明朝覆亡以后，一些士大夫沉思之余，去空疏而趋于沉实。因满族入主中夏，志节之士，耻立其朝，亦刊落声华，致力专精于朴学。脱旧学的牢笼，开研究之新路。

朴学（考证学）在清初，如前所述，还不过是部分之影响。及至乾嘉，则笼罩宇宙，占领了全部学术领域。这一时期最主要的人物，一曰惠栋，二曰戴震。而戴学之精神，实远远超过惠栋。

《清代学术概论》说：“元和惠栋，世传经学，祖父周惕，父士奇，咸有著述，称儒宗焉。栋受家学，益弘其业；所著有《九经古义》……《后汉书补注》诸书。”

惠士奇博闻强记，对九经、四史，《国语》《国策》《楚辞》之文，都能默诵，曾对座客诵《史记·封禅书》，不失一字。惠栋之学，得自家传。梁启超说：惠派治学方法，吾以八字蔽之，曰："凡古必真，凡汉皆好。"由此可见，其后学王引之说的"惠定宇先生考古虽勤，而识不高，心不细，见异于今者则从之，大都不论是非"，是说得很对的。惠派嫡传弟子江藩作《汉学师承记》，以为黄宗羲称王弼《易注》无浮义；胡渭力攻《图书》之谬，辟五行灾异之说为非是；乃惠派之观点。其后阮元辑《学海堂经解》，一遵其说，俱以为凡汉皆当信奉者也。这和朴学初期的怀疑精神，正相左了。惠氏之学，可以说是纯粹的汉学。清初诸儒则不是，其后的戴东原也不是。学问之道，在于求真，"凡汉皆好"，就不是求真的态度。惠派亦称吴派。

皖派的领袖戴震，休宁人，受学于江永。十岁，读《大学章句》，问他的老师说：在经一章以下，怎么知道是孔子说的，曾子说的呢？他的老师说：朱子注中是这样说的。又问：朱子是什么时候人？老师告诉他是南宋人。又问：孔子、曾子是什么时候的人？老师说是东周时人。又问：东周去宋有多少年？老师说差不多二千年。戴震说：朱子和孔子、曾子相距二千年，怎么知道这些话是孔子说的、曾子记的呢？（见王昶《述庵文钞·戴东原墓志铭》）

这一问答，可以代表戴学的全部精神，即打破砂锅璺（问）到底是也。这是一种科学的精神。

戴震文集《答郑丈用牧书》云："不以人蔽己，不以己自蔽，不为一时之名，亦不期后世之名。有名之见其弊二：非掊击前人以自表襮，即依傍昔儒以附骥尾。二者不同而鄙陋之心同。是以君子务在闻道也。"

又《与姚姬传书》云："所谓十分之见，必征之古而靡不条贯，合诸道而留余议，巨细毕究，本末兼察。若夫依于传闻以拟其是，择于众说以裁其优，出于空言以定其论，据以孤证以信其通，虽溯流可以知源，不目睹渊泉所导，循根可以达杪，不手披枝肄所歧，皆未至十分之见也。"故钱大昕说他"实事求是，不主一家"。

东原常说学问有三难：淹博难，识断难，精审难。他以为郑樵是淹博的，但精审则不足。比起惠栋来，郑樵是淹博的，而东原则三者兼而有之。

其著述最大者，则为《孟子字义疏证》。东原自谓此书为"正人心之要，今人无论邪正，尽以意见名之曰理，而祸斯民，故疏证不得不作"（《经韵楼集》卷七《答程易田丈书》）。在那时，很流行"人欲净尽天理流行"的话，东原对此反感得很，他以为理"必求诸人情之无憾而后即安，不得谓性为理"。又曰："后儒不知情之至于纤微无憾是谓理。"他以为当时人所谓天理，和酷吏所说的法是一致的，酷吏以法杀人，后儒以理杀人。

《疏证》一书，抨击宋人所说的理，他说：“宋人合仁、义、礼而统谓之理，视之如有物焉，得于天而具于心，固以此为形而上，为冲漠无朕；以人伦日用为形而下，为万象纷罗。……六经孔孟之言，无与之合者也。”他正确地把宋儒所谓存在的理看作是不存在的东西，反对用这样一种不存在的东西来约束人心。

他以为：“‘饮食男女，人之大欲存焉。’圣人治天下，体民之情，遂民之欲，而王道备。人知老庄释氏异于圣人，闻其无欲之说，犹未之信也；于宋儒则信以为同于圣人。理欲之分，人人能言之；故今之治人者，视古圣贤体民之情、遂民之欲，多出于鄙细隐曲，不措之意，不足为怪。及其责以理也，不难举旷世之高节著于义而罪之。尊者以理责卑，长者以理责幼，贵者以理责贱，虽失谓之顺，卑者幼者贱者以理争之，虽得谓之逆。于是下之人不能以天下之同情、天下所同欲达之于上，上以理责其下，而在下之罪，人人不胜指数。人死于法，犹有怜之者，死于理，其谁怜之？”指宋明理学为“以理杀人”，实东原哲学最大胆的冲决网罗，但那时还不具备这种冲决的物质条件，故其学亦不甚显。

《疏证》说君子治天下，使人各得其情，各遂其欲。父子可相亲，夫妇可相爱，兄弟可相友，养生送死嫁娶，都得各遂其欲。不论得情、遂欲，都合乎道义。东原指出："遏欲之害，甚于防川。"他以为仁义礼智，不是空的东西，"不离乎血气心知"，也不当在人欲之外去求它。

他认为："理者，情之不爽失者也，未有情不得而理得者也。凡有所施于人，反躬而静思之，人以此施于我，能受之乎？凡有所责于人，反躬而静思之，人以此责于我，能尽之乎？以我絜之人则理明。天理云者，言乎自然之分理也。自然之分理，以我之情絜人之情，而无不得其平是也。"

他以为宋儒之言，在六经中是找不到的。因此，宋儒是以己言为圣贤之言，是"诬圣"；又借圣贤之言来装饰自己的谬说，这就是"欺学"。

梁启超说：《疏证》一书，字字精粹。"其论尊卑顺逆一段，实以平等精神，作伦理学上一大革命。其斥宋儒……意极严正，随处发挥科学家求真求是之精神。实三百年最有价值之奇书也。"

戴门后学，最著者为段玉裁，王念孙、王引之父子。

段玉裁，金坛人，其所著书，最著名的即《说文解字注》。王念孙，高邮人，其最著名的著作为《读书杂志》《广雅疏证》；引之所著书，则为《经传释词》和《经义述闻》。梁氏论惠戴之异同曰："戴段二王之学，其所以特异于惠派者，惠派之治经也，如不通欧语之人读欧书，视译人为神圣，汉儒则其译人也，故信凭之，不敢有所出入；戴派不然，对于译人不轻信焉，必求原文之正确然后即安。惠派所得，则断章零句，援古正后而已；戴派每发明一义例，则通诸群书而皆得其读。是故，惠派可称为汉学，戴派则确为清学而非汉学。"戴派中之王念孙、王引之，在《读书杂志》《经义述闻》中，纠正毛、郑、马（融）、贾（逵）、服（虔）、杜（预）之说，于汉晋诸儒，并不墨守。段在《说文注》中，亦屡言"先生之言非也"，"先生之言非是"。先生，指的就是东原，王氏父子之间，在学术上亦不假借。引之在《经义述闻》中，与其父念孙之说相出入的，比比皆是。

对于古书，决不臆改，但并非不改，然必经过客观的钩稽与参验。段玉裁论校勘云："校书定是非最难。是非有二：曰底本之是非，曰立说之是非；必先定底本之是非，而后可断其立说之是非。……何谓底本，著书者之稿本是也；何谓立说，著书者所言之义理是也。……不先正底本，则多诬古人；不断其立说之是非，则多误今人。"考证学在学术上的地位，玉裁此论，说得最透彻。

王氏父子的著作，即使反对派也不能不佩服。方东树作《汉学商兑》，于王氏父子则云："高邮王氏《经义述闻》，实足令郑、朱俯首，汉唐以来，未有其比。"

《汉学商兑》为清代极有价值的书，成于道光之时。他说汉学"训诂多有不得真者"。又说汉学以为义理存乎典章制度，事实上车制（《考工记》）考者五六家，言人人殊；他如赋役、禄田、宫室、衣服，考者之言亦各异，到底谁是对的呢？梁启超说他"针砭汉学家处，却多切中其弊，就中指斥言'汉易'者之矫诬，及言典章制度之莫衷一是，尤为知言"。

方东树之前，有章学诚者，会稽人，不屑于考证之学。言"六经皆史"，说"学于圣人，斯为贤人；学于贤人，斯为君子；学于众人，斯为圣人。非众可学也，求道必于一阴一阳之迹也。自有天地而至唐虞夏商，迹既多而穷变通，久之理亦大备。周公以天纵生知之圣，而适当积古留传道法大备之时，遂以经纶制作，集千古之大成，则亦时会使然，非周公之圣智能使之然也"（卷二《原道上》）。以为"战国以前无著述"，"学必求其心得，业必贵于专精"，（卷二《博约下》）"不知当代，而言好古；不通掌故，而言经术……虽极精能，其无当于实用也审矣"（卷三《史释》）。

清学至于道咸以后，又有变化。道咸之后，经世致用的思想大大抬头，不可抑止。鸦片战争的失败，丧权辱国，志士为之扼腕。海禁既开，西方技术学艺传播东土，学术思想界的眼光亦扩大了。乾嘉以来，家家许（慎）郑（玄），人人贾（逵）马（融）。今文经学遂经沉睡千载之后，复见光明。今文学的中心《公羊传》，“其中多非常异义可怪之论”，但成为绝学者已千余年。武进庄存与，今文学启蒙大师也，作《春秋正辞》，专讲微言大义；其同县刘逢禄（中受），著《春秋公羊经传何氏释例》，凡何休所谓“张三世”“通三统”“绌周王鲁”“受命改制”之义，次第发明。段玉裁外孙龚自珍，受训诂于其外祖，而又好今文，以庄存与、刘逢禄为宗，往往引《公羊》义讥切时政，诋诽专制。其学病在不深入，所有思想，仅引其绪而已。

魏源，字默深，湖南邵阳人。今文学家中之佼佼者，谓《毛诗》晚出，据齐鲁韩三家撰《诗古微》，谓《诗》不为美刺，“作诗者自道其情，情达而止”。又说《诗》和音乐是一致的，“古者乐以诗为体，孔子正乐即正诗”（孔子由卫返鲁，然后乐正，雅颂各得其所）。又著《书古微》，以为不独东晋晚出之古文《尚书》为伪，东汉马郑之古文说，亦非孔安国之旧。

邵懿辰《礼经通论》，以为《仪礼》十七篇为足本，所谓古文《逸礼》三十九篇者出刘歆伪造。这样，古文经学又被推倒了。

龚、魏是今古文学中的健将。定庵才思横溢，“九州生气恃风雷，万马齐喑究可哀。我劝天公重抖擞，不拘一格降人才”。这个人的知识面极广，佛学、史学、舆地之学无所不及。其诗甚佳，政治上不得志，乃为红粉知己之思。“风云材略已消磨，甘隶妆台伺眼波”；“今日不挥闲涕泪，渡江只怨别蛾眉”，都是这样的感情的流露。

及康有为出，今文始大，疑古乃达于极境。

康有为，南海人，号长素。1927年始死，年七十。早年好《周礼》，后读廖平书，尽弃其学而学焉。廖平是湖南王闿运的弟子，王治公羊学，但不过一文人耳。平受其学，著《四益馆经学丛书》十数种，思想甚新颖可喜，晚年受张之洞贿逼，著书自驳，其人不足道。但有为却是受他影响的。

有为所著书，有《新学伪经考》，“伪经”指《周礼》《逸礼》《左传》《毛诗》。“新学”即王莽之学，即当时清儒本以为法的许郑之学（或称汉学），而有为以为这就是王莽之学，即新代之学，非汉学。此书出，清学之立脚点被打得动摇了；一切古书，都须重新估价检查。有为弟子陈千秋、梁启超，则尽弃其学而学焉。

北京大学教授崔适，作《史记探源》，申有为之说，益加精密。

《孔子改制考》《大同书》出，便如火山爆发。孔子托古改制，托尧舜；老子托黄帝；墨子托大禹；许行托神农。托古改制，不独孔子为然，实一代之风气。喜言通三统，三统为夏、商、周三代不同，俱有所因革。喜言张三世，三世谓据乱世、升平世、太平世，愈改而愈进，时代是不断进步的。有为政治上改革的主张，实本于此。孔子是改制的老祖宗，被尊为教主。

《大同书》是一部创作。《礼运篇》云："大道之行也……是谓大同。"大同就是太平世，升平世则为小康。《大同书》的内容，启超曾摘其要。（见《清代学术概论》）

浏阳谭嗣同，实晚清思想界之彗星。幼好今文，"汪（中）魏（源）龚（自珍）王（闿运）始是才"，说明其所向往。又好王夫之之学，喜谈名理。后复治佛书。其代表作则为《仁学》，主张冲决网罗，利禄、词章、考据、君主、伦常，他俱以为网罗，俱当冲决。这和英国学者培根很相似，即"打破偶像"，企图合科学、哲学、宗教于一炉。他反对尊古，以为"二千年来之政，秦政也，皆大盗也；二千年来之学，荀学也，皆乡愿也；惟大盗利用乡愿，惟乡愿工媚大盗"。

史学通说

一、史籍和史籍分类

历史是什么？答复这个问题不容易。你们已经专门学过两年或三年，我是已经四十八年了，你们和我都不一定能做出正确的答复。

凡是已经过去了的事都是历史，人们记载下来的则是写的历史。写的不一定和过去的相同。历史和写的历史不是完全一致的，甚至差得很远，完全相反。

能够把过去了的事用文字记载下来，一般都已有了阶级，有了国家，有了统治阶级和被统治阶级。因此，史书所记的历史和历史的本身总有很大的不同，在根本的重大的问题上，还相反。譬如说，主宰人类历史的力量，古代人说是神，君权是神授的，皇帝是天子，所以，我国古代的大事，一是祀，一是戎。后来，神的权力下降了，英雄便成为创造历史的力量。希腊历史上，有所谓的英雄时代，近代欧洲，也有所谓的英雄崇拜（卡莱尔）。我国人民长期希望的是圣君贤相的出现，当然，也还有所谓真命天子的期待。历代知识分子的理想，总是“致君尧舜”，把尧舜这样的部落酋长、部落联盟的领袖加以理想化，也说明史书和历史的本身有着何等的差别。

19世纪产生了马克思主义。马克思、恩格斯说他们只承认一门科学，那就是历史科学。历史唯物论，就是这一门科学的精髓。恩格斯说一切历史都要重写，这一句话，一方面说的是包括资产阶级在内的史学著作，都没有反映出历史的本来面目、历史的真实；另一方面说的是我们要用历史唯物论来研究历史，写历史，恢复历史的本来面目。恩格斯这一句名言，被人误解为对过去全部历史著作的全面否定，这是很不对的。在马、恩通信集中，我们可以找到很多证明，说明恩格斯对资产阶级历史学家著作的评价还是很高的。摩尔根的《古代社会》，为恩格斯所称赞，这是大家都知道的。

我国古代，史是一种官名，黄帝的史官仓颉是创造文字的始祖，许慎《说文解字》说：“黄帝之史仓颉，见鸟兽蹄迒之迹，知分理之可相别异，初造书契。”以此，《说文》以史为记事，“从又持中，中，正也”。《玉藻》说：“动则左史书之，言则右史书之。”《尚书》是一部最古的史书，《史通》六家，以《尚书》家为首。“尚书”古义有三：孔安国以为是“上古之书”；《璇玑钤》以为是“上天垂文象”；王肃说是“上所言，下所书”。刘知幾取王肃之义，以为“书之所主本于号令，所以宣王道之正义，发话言于臣下。故其所载，皆典谟训诰誓命之文”。周衰政敝，各国都有史官，如《正气歌》所云：“在齐太史简，在晋董孤笔。”也都有史，“晋之乘，楚之梼杌，鲁之春秋”，现在留传的《左传》《国语》《逸周书》《战国策》都是当时的历史。历史在这个时期是很重要的，孟子说：“孔子作《春秋》，而乱臣贼子惧。”

梁启超作《中国历史研究法》，说我国学问以史学最为发达，他还为史下了一个定义，说：“史者何？记述人类社会赓续活动之体相，校其总成绩，求得其因果关系，以为现代一般人活动之资鉴者也。”这个定义，接触到了史学的一些实质性问题。

近代欧洲的历史学家，说研究历史，要研究历史之所以如此的缘故：美国新史学派的首领鲁滨孙和Breasted（布累斯提德）合著的《欧洲史》，他独自写成的中古史就是这一类著作的代表。

古今史学家，为史学下过定义的，不知道有多少。要把这些定义一一加以介绍，可以写一本书。就是我国的史学家，对历史的看法，要介绍，也不是一两小时可以说得完的。司马迁并没有给历史下定义，但他说了他作《史记》的目的和指导思想："究天人之际，通古今之变，成一家之言。"班固也没有为历史下定义，但他批评了司马迁，说司马迁"论大道则先黄老而后六经，叙游侠则退处士而进奸雄，述货殖则崇势利而羞贫贱"。从这种自述和批评中，我们都可以看到他们两人对历史的看法。

刘知幾作《史通》，论六家二体。尚书家之外，还有《春秋》家、《左传》家、《国语》家、《史记》家、《汉书》家。与尚书家同类的著作，如晋孔衍所作的《汉尚书》《后汉尚书》《魏尚书》，隋王劭的《隋书》，今俱不传。与春秋家相类者（以事系日，以日系月，言春以包夏，举秋以兼冬）惟《竹书纪年》。仿《左传》之体作史，今存者惟荀悦、袁宏之前、后《汉纪》，干宝《晋纪》、孙盛《魏春秋》、裴之野《宋略》，今均不存。《国语》家诸作，今存者有《战国策》，若司马彪《九州春秋》之类，现在都不可得见了。仿《史记家》作史，今存者惟南、北史，梁武帝曾敕群臣，起太初，迄齐亡，撰成《通史》六百二十卷，今不存。六家中，只有《汉书》家断代为史为最盛，次则《左传》编年为史，《通鉴》《续通鉴长编》承其绪，在史学中亦为大国。

史籍分类，是从《汉书·艺文志》开始的。班固取刘向、刘歆父子图书分类之法，把图书分为七类，名为《七略》：《辑略》《六艺略》《诸子略》《诗赋略》《兵书略》《术数略》《方技略》，史书纳入《六艺略》中的春秋家，凡二十三家，《左传》《国语》《世本》，《战国策》及《太史公书》均在。《尚书》则入书家。《隋书·经籍志》始有史部，共十三类。一曰正史，《史记》《汉书》《后汉书》《三国志》《晋书》（王隐、虞预、谢灵运、臧荣绪）皆属焉，今多佚。二曰古史，自荀悦《汉纪》、袁宏（彦伯）《后汉纪》及孙盛《魏氏春秋》、干宝《晋纪》、习凿齿《汉晋阳秋》皆属焉，今仅存前、后《汉纪》。三曰杂史，《战国策》、《吴越春秋》（赵晔）、《九州春秋》（司马彪）、《隋书》（王邵）皆属焉，其佚者更多。《隋书》作者云："汉初，得《战国策》，盖战国游士记其策谋。其后陆贾作《楚汉春秋》……其属辞比事，皆不与《春秋》《史记》《汉书》相似，盖率尔而作，非史策之正也。"四曰霸史，首《赵书》，记石勒事。今存者惟常璩《华阳国志》，崔鸿《十六国春秋》。自永嘉之乱，中原分裂，两赵、两秦、五燕、五凉，后魏定中原，"诸国记注，皆集秘阁。尔朱之乱，并皆散亡"。五曰起居注："纪人君言行动止之事。汉武帝有《禁中起居注》，后汉明德马后撰《明帝起居注》。"今存者只有《穆天子传》，为汲冢书。六曰旧事，所录则为《汉武帝故事》《西京杂记》之类，其称旧事者，因为其中有《晋宋旧事》《晋八王故事》《晋东宫旧事》《梁旧事》等书，都是以旧为名的。七曰职官，应劭撰《汉官仪》今尚存。八曰仪注，俱礼仪之作，所谓"吉凶宾军嘉，以佐王安邦国，亲万民，而太史执书以协事之类是也"。九曰刑法，除律令外，名臣奏事之类书均属之。十曰杂传，共二百十七部，一千二百八十六卷。这一类书，多记郡国之事。"魏文帝作《列异》，以序鬼物奇怪之事，嵇康作《高士传》，以叙圣贤之风。推其本原，盖亦史官之末事也。今取其见存，部而类之，谓之杂传。"今存者惟《列女传》（刘向著，曹大家注）、《高士传》、《高僧传》（释慧皎）、《法显传》。十一曰地理，郭璞《山海经》《水经》，今均存于世。十二曰谱系，"后魏迁洛，有八姓十氏，咸出帝族。又有三十六族、九十二姓，并为河南洛阳人。其中国士人，则第其门阀，有四海大姓、郡姓、州姓、县姓。及周太祖入关，诸姓子孙有功者，并令为其宗长，仍撰谱录，纪其所承。今录其见存者，以为谱系篇"。此篇所列，如王俭《百家集谱》、王僧孺《百家谱》，今无一存。十三曰簿录，就是我们现在称作目录的书，《七略》、《别录》（刘向），挚虞《文章志》之类属焉。

以上十三类，可见我国史学历东汉魏晋南北朝，有较大的发展。《隋书》论云：“自史官废绝久矣，汉氏颇循其旧，班、马因之。魏晋以来，其道逾替。南、董之位，以禄贵游，政、骏之司，罕因才授。”“一代之记，至数十家，传说不同，闻见舛驳，理失中庸，辞乖体要。”作者毫无疑问是个“厚古薄今”的人物，在他心目中，《春秋》已远胜于《史》《汉》，《史》《汉》之后，因为史不得其人，作者遂多，而作品也远逊于班马了。实则陈寿、范晔，一在西晋，一在刘宋，其作品也已和《史》《汉》并列了。

史籍的分类，至四库而大备。史部之作，类分十五，正史、编年、纪事本末、别史、杂史、诏令奏议、传记、史钞、载记、时令、地理、职官、政书、目录、史评，所包含的面，又大大超越隋唐了。纪事是新的，目录中的金石也是新的。各类图书，今均存世。史评类中，《史通》《唐鉴》，是后来的巨制。四库书未列者，学者可于《书目答问》中求之。

史籍是我们现在研究国史的重要史料，除此之外，甲骨文、金文、石鼓文，历代碑刻、墓志，器物图录，都是史料。秦始皇墓的发掘（兵马俑），江陵、长沙的地下发掘，江西清江的发掘，都使我们感到先秦的历史非重写不可，过去，我们知道得太少了。王国维以殷墟的甲骨文字，结合文献记载，写成了《殷周制度论》；郭沫若研究西周金文，也开辟了古史研究的新天地。

一切实物以及实物上的文字都是史料。章学诚说六经皆史，史就是我们所说的史料。从这个角度看，子部和集部的东西也都是史料。陈援庵先生的《元也里可温教考》，主要的材料就来自文集。宋以后文集很多，历史资料当然也就多了。

二、史书的体例

我国史书的分类，已如上述。

《春秋》《史记》二家，是刘知幾六家中重要的二体。

自《史记》出始有纪传体。纪传体是司马迁的一个创造。《史记》一百三十卷，本纪十二，世家三十，列传七十，写的都是人物。《秦始皇本纪》，写始皇性格，栩栩如生。《陈涉世家》写陈涉青年时的抱负，“王侯将相，宁有种乎！”其思想认识，至今尚可想见。项羽看见秦始皇，说：“彼可取而代也。”刘邦看到秦始皇，则说：“大丈夫当如是也！”刘、项的抱负、性格，何等不同！列传写人物，各种人都有。《刺客列传》《游侠列传》《龟策列传》《日者列传》，就是当时的下层，所谓“引车卖浆者流”。《老庄申韩列传》《屈贾列传》《孟轲荀卿列传》，记学术、思想、文学方面的大师，也写得十分生动。《儒林列传》，传鲁申公和辕固，我在经学中已经讲过了。

人物之外，其十表稽牒作谱，八书详政制（礼、乐、律、历、天官、封禅、河渠、平准），这也可见他对于史的看法了。

纪传体史书重人物，成为我国史学的一个传统。汉书之后，断代为史，至宋定为十七：《史记》《汉书》《后汉书》《三国志》《晋书》《宋书》《南齐书》《梁书》《陈书》《魏书》《北齐书》《北周书》《隋书》《南史》《北史》《新唐书》《新五代史》，清代史学家王鸣盛作《十七史商榷》，十七史即上所云。明合宋、辽、金三史及《元史》，称二十一史，至清增《明史》，为二十二史，钱大昕作《廿二史考异》，赵翼作《廿二史札记》，即本于此。后增入《旧唐书》《旧五代史》，称二十四史。《新元史》出，复称二十五史，开明书店印二十五史，商务印书馆有《二十五史人名索引》。从十七史至二十五史，都称正史，虽有通史和断代史的不同，虽有的仅有纪传，均称纪传体史书。《宋史》中华版共四十册，纪传十九册，二十一册为表志，表志是二十五史中最丰富的，纪传也占全书一半。梁陈周齐四书和南北史都无志表。《汉书》志有律历（上、下）、礼乐、刑法、食货、郊祀、天文、五行、地理、沟洫、艺文。刑法、艺文是独创。其后诸正史，《魏书》有释老，《新唐书》有兵。礼则逐渐分为礼及舆服、仪卫。《后汉书》本无志，刘昭取晋司马彪《续汉书》八志补之，始为百官。《魏书》则为官氏，盖亦因拓跋部之实际也。（帝族十姓，各部九十九姓。）

纪传之外，编年亦大国。《春秋》是编年的。《春秋》第一年云："元年春，王正月。三月，公及邾仪父盟于蔑。夏，五月，郑伯克段于鄢。秋，七月，天王使宰咺来归惠公、仲子之赗。九月，及宋人盟于宿。冬，十有二月，祭伯来；公子益师卒。"文句简陋，故王安石讥为断烂朝报。晋代在汲郡古坟中所得竹书，有《竹书纪年》。学者考定为战国时魏史，起自夏禹。也是编年之书。《左传》是先秦编年体中最杰出的史书，刘知幾说它"言之与事，同在传中。然而言事相兼，烦省合理。故使读者寻绎不倦，览讽忘疲"（《载言》）。又说："左氏载诸大夫词令，行人应答，其文典而美，其语博而奥。述远古则委曲如存，徵近代则循环可覆。"（《申左篇》）极称《左传》之美。东汉末，献帝以《汉书》繁博难读，命荀悦删为《汉纪》，以年系事，易以人物为中心、以事为枢机，继者甚多。其最重要的史书，则为编于英宗及神宗之时的《资治通鉴》。《通鉴》为贯通古今的编年史，虽以事系年，人物的言行也占了很大的比重。如叙赤壁之战，记鲁肃与孙权、刘备的谈话，诸葛亮向刘备陈说联合孙权及亮与孙权的议论……均极生动。记淝水之战，写谢安之从容、镇定，苻坚的骄傲、自用，其文都出于史传。编年之史，亦以人物为重，使史事展示于目前。《通鉴》起前403年，讫959年，记一千三百六十二年间的大事，按年纪载。胡三省说："温公遍阅旧史，旁采小说，抉擿幽隐，荟萃为书。而修书分属，汉则刘攽，三国讫于南北朝则刘恕，唐则范祖禹，皆天下选也，历十九年而成。"

二体之外，我国史书之体裁，其重要者，为纪事本末体。南宋袁枢，钞《通鉴》，以事为起讫，《通鉴》所载一千三百余年之事，约为二百三十有九事。杨万里为之序，说"其情匿而泄，其故悉而约"。章学诚说此体"文省于纪传，事豁于编年"。梁启超以为这一史体与他所理想的新史最为相近。

纪传体的书志，实际上是讲典章制度的，唐杜佑作《通典》，"采五经群史，上自黄帝，至于唐天宝之末，每事以类相从，举其始终历代沿革废置，及当时群士论议得失，靡不条裁，附之于事。如人支脉，散缀于体”（李翰序文）。马端临仿之作《文献通考》，详于当代；亦巨制也，但章学诚讥为无别识，无通裁。

郑樵作《通志》，标会通之义，其总序言其著书之旨甚详。章学诚极称之，“郑氏《通志》，卓识名理，独见别裁，古人不能任其先声，后代不能出其规范。虽事实无殊于旧录，而辨名正物，诸子之意，寓于史裁，终为不朽之业矣”（《文史通义》卷四《释通》）。其《申郑》云：“郑樵生千载而后，慨然有见于古人著述之源，而知作者之旨不徒以词采为文、考据为学也。独取三千年来遗文故册，运以别识心裁，盖承通史家风，而自为经纬，成一家言者也。”史义贵会通，渔仲具司马迁、司马光诸人之卓识，但《通志》一书，除二十略之外，价值亦鲜。

政书之外，史评一体，亦卓然可观。刘知幾之《史通》，可与文论著作《文心雕龙》并比。其《疑古篇》以舜典为不实，云：“《虞书舜典》云：五十载，陟方乃死。注云：死苍梧之野，因葬焉。苍梧……地气歊瘴，虽使百金之子，犹惮经履其途，况以万乘之君，而堪巡幸其国！且舜……舍兹宝位，……何得以垂殁之年，更践不毛之地？兼复二妃不从，怨旷生离，万里无依，孤魂溘尽，让王高蹈，岂其若是者乎？”

其《惑经篇》直言《春秋》之义所未谕者十有二，虚美者五。刘知幾这种以古事可疑，以六经为惑的精神，是和王充的问孔、刺孟的精神前后相映的。

《史通》之后，比较完整的史学理论著作，寂寞了一千年。清章学诚《文史通义》，像晨星一样闪烁于清代学术的复兴时代。《言公》上以为“作史贵知其意，非同于掌故，仅求事文之末也”。他畅论古今，说：“不知当代，而言好古；不通掌故，而言经术，虽极精能，其无当于实用也，审矣。”他不赞成“舍今而求古，舍器而求道”。因此，他在刘知幾论史学必须在“才识学”之外，加上史德。实斋之学，前讲经学时已论之，他和戴震，都是清代学术上的杰出人物。

史评之作，清初王夫之的《读通鉴论》《宋论》，发表了他对历史的见解，在我国历史著作中，这也是有系统的。《读通鉴论》借论史以阐明其政治思想，在这方面，他反对泥古的法制，治大治小固不可一律，治古治今更应因时而为。他还反对徒恃法以为治，主张为政尚简。

其他散见于正史中的论赞，多评历史人物。《史记》中的太史公曰，其所论则不仅是历史人物。范晔作《后汉书》，对其传论，是很自负的。既说有“精意深旨”，又说“笔势纵放，实天下之奇作。其中合者，往往不减《过秦》

篇”。（《狱中与诸甥侄书》）《晋书》的《宣帝纪》《武帝纪》及陆机、王羲之两传的四篇论赞，是唐太宗亲自写的。唐修五史，《梁书·敬帝纪》，其后总论梁一代兴亡，是魏徵署名的，说梁之亡，是由于“不能息末敦本”，“流连释老”，“惑于听受，权在奸佞，诸后百辟，莫得尽言”。《陈书·后主纪》，魏徵亦综论陈政之失，说“高宗始以宽大得人，终以骄侈致败”。高宗是陈宣帝，江陵陷落，他曾被迁于关中，后自周还，总军政，陈的北边，曾一度奄有淮泗。陈后主则是所谓“生深宫之中，长妇人之手”“不知稼穑艰难”的亡国之君了。《新五代史·伶官传序》（卷三七），是欧阳修的名篇。他论晋庄宗自兴盛而灭亡，说“忧劳可以兴国，逸豫可以亡身”，说“祸患常积于忽微，而智勇多困于所溺”，这也是一种史论。

史评之外，学术史——学案——乃一种专史，黄宗羲说“欲免迂儒，必兼读史”，其所著《明儒学案》，乃我国学术史的始祖。宗羲于凡例中说：“此编所列，有一偏之见，有相反之论，学者于其不同处，正宜着眼理会，所谓一本而万殊也。以水济水，岂是学问？”每一学案，先有一简要文章说其学说大旨及师友传授，然后叙其人的生平，及其学问大旨。如《姚江学案》，先云：“有明学术，白沙开其端，至姚江而始大明。……自姚江指点出良知，人人现在，一反观而自得，便人人有个作圣之路，故无姚江，则古来之学派绝矣。”然后具列浙中十九人，江右二十七人，以至粤闽二人。然后叙阳明之生平及其学术思想。

钱穆极称此书，誉“为学术史不磨之创作”。又说：“梨洲治史，特点有二。一曰注意于近代当身之史，二曰注意于文献人物之史。”说得很有见地。章实斋的强调知今，不赞成“舍今而求古”，实亦得梨洲之传。

学案一体，宗羲倡之，其后继之者有《宋元学案》《清儒学案》。《中国近三百年学术史》，亦取以为法。

三、史籍述评（正史）

正史即二十五史，有私家的著作，主要为官修。前四史都是私人的著述，四史之外，还有沈约的《宋书》，萧子显的《南齐书》、李延寿的《南北史》、欧阳修的《新五代史》和柯劭忞的《新元史》。《晋书》、《魏书》、《梁书》、《陈书》、《北齐书》、《北周书》、新旧《唐书》、《旧五代史》，宋辽金元明史都是官修的。

一个王朝覆亡，新王朝便为前朝修史，南北朝以来，便成为惯例。北齐修魏史，唐修晋史及“五史”，后晋修唐史，宋重修唐史及五代史，元修宋、辽、金三史，明修元史，清修明史，清亡后，民国初修清史，现在的《清史稿》，就是清的遗老民国初年人修的。

官修史书，从史学方面来看，俱不如私人著述。唐以前，晋史有十八家，这十八家晋史，现仅见于类书，如徐坚《初学记》、白居易《六帖》和《文选》的李善注等，唐修《晋书》出，这些晋史的著作就逐渐不为人所重而遗失了。干宝的《晋纪》，其评西晋之亡，即为《通鉴》所转录，其议论实远过于修晋书诸臣。

《史记》一百三十卷，司马迁续其父谈而作。司马迁，龙门人，其父谈，为太史公。太史公学天官于唐都（方士），受《易》于杨何，习道论于黄子。杨何是治《易》的专家。黄生即和辕固争论于景帝之前的那位学者。儒者以为汤、武乃受命于天，汤放桀，武王伐纣，都是兴仁义之师。但黄生却以为“非受命，乃弑也”。其思想俱见于《论六家要旨》，要旨对阴阳、儒、墨、名、法、道德，除道德家外，俱有批评有肯定。其批评儒者“博而寡要，劳而少功，以六艺为法。六艺经传，以千万数，累世不能通其学，当年不能究其礼。是以其事难尽从，然其叙君臣父子之礼，列夫妇长幼之别，不可易”，以为“法家严而少恩，不别亲疏，不殊贵贱，壹断于法，则亲亲尊尊之恩绝矣。然其正君臣上下之分，不可改”。道德家是唯一被推崇的：“使人精神专一，动合无形，澹（赡）足万物。”“因阴阳之大顺，采儒墨之善，撮名法之要。与时迁徙，应物变化，立俗施事，无所不宜。指约而易操，事少而功多。”又说：“道家无为，又曰无不为。其实易行，其辞难知。其术以虚无为本，以因循为用。无成势，无常形，故能究万物之情。不为物先，不为物后，故能为万物主。有法无法，因时为业，有度无度，因物与合。”司马迁是继承了他父亲的思想的。这一思想，也就是《史记》一书的指导思想，所以班固在《司马迁传》中说“其是非颇缪于圣人”，直接指出《史记》“论大道则先黄老而后六经”。黄老思想，是汉初的统治思想，也可以说是当时的“时代思潮”，这一时代思潮，学术上的代表是司马迁父子，政治上的代表是汉文帝和窦太后（景帝母）。贾谊的《过秦论》，总结秦的兴亡，以为“仁义不施，攻守之势异也”，和司马迁父子是相同的。《屈贾列传》论云：“读《鹏鸟赋》，同死生，轻去就，又爽然自失矣。”

司马迁“年十岁则诵古文，二十而南游江淮，上会稽，探禹穴，窥九疑，浮沅湘，北涉汶泗”，到过孔子、孟轲的家乡，自山东经江苏、河南回长安（“过梁楚以归”），后来又奉命出使巴蜀，到过现在的云南、贵州（邛筰、昆明）。这就是他自己所说的行万里路。在《屈贾列传》中，他说："适长沙，观屈原所自沉渊，未尝不垂泪，想见其为人。"《淮阴侯列传》云："吾如淮阴，淮阴人为余言，韩信虽为布衣时，其志与众异。其母死，贫无以葬，然乃行营高敞地，令其旁可置万家。余观其母冢，良然。"《刺客列传》中他说他所得到的有关荆轲的材料，都是公孙季功、董生供给的。这两个人和夏无且游，知道荆轲的事很详细。当荆轲见秦王，献燕督亢地图，图穷匕见之时，夏无且正站在秦王身边，用药囊打荆轲不中。荆轲被秦王剑刺伤，知事不就，倚柱而笑，箕踞以骂的时候，夏是亲耳听见的。（"事所以不成者，以欲生劫之，必得约契以报太子也。"）班固在赞美司马迁时，说："其文直，其事核；不虚美，不隐恶，故谓之实录。"实录，是我国史学的一个优良传统，也是个最高鹄的，因为正史中，够得上实录而被称赞的不多。

班固说"司马迁据《左氏》《国语》，采《世本》《战国策》，述《楚汉春秋》，接其后事，迄于大汉，其言秦汉详矣。至于采摭经传分散数家之事，甚多疏略，或有抵牾"，在这方面，司马迁自己说"䌷史记石室金匮之书"。他所掌握的史料是可观的。石室金匮俱国家藏书之处，他做太史令，可以自由出入。

《自序》和《报任安书》都强调《史记》为发愤之作，述往事以思来者。“盖西伯拘而演周易，仲尼厄而作《春秋》，屈原放逐乃赋《离骚》，左丘失明厥有《国语》，孙子膑脚兵法修列，不韦迁蜀世传《吕览》，韩非囚秦《说难》《孤愤》，《诗》三百篇，大抵圣贤发愤之所为作也。”鲁迅说《史记》是无韵之《离骚》，从这一点来讲，是说得十分确切的。

《史记》这部书为什么要写呢？司马谈临终时对迁说：“今汉兴，海内一统，明主贤君忠臣死义之士，余为太史而弗论载，废天下之史文，余甚惧焉，汝其念哉！”司马迁自己说：“先人有言，‘自周公卒五百岁而有孔子，孔子卒后至于今五百岁，有能绍明世，正《易传》，继《春秋》，本诗书礼乐之际？’意在斯乎！意在斯乎！小子何敢让焉？”在《报任安书》中，司马迁说：“仆窃不逊，近自托于无能之辞，网罗天下放失旧闻，考之行事，稽其成败兴坏之理，凡百三十篇。亦欲以究天人之际，通古今之变，成一家之言。”

刘知幾论司马迁，以为他具“才识学”三长。此三者，今已俱论列如上。

《史记》至南朝宋裴骃为之《集解》。骃事附《裴松之传》，为松之子，可说是史学世家。《集解》所引证，多先儒旧说。原书独行，八十卷，后析为一百三十卷。《集解》之外，唐司马贞为《索隐》，张守节为《正义》。今附于《史记》本文，《正义》长于地理。此三书读《史记》都是不可少的。如《黥布列传》谓布六人，《索隐》于六上即注曰："庐江有六县。苏林云：今为六安也。"同传布说："人相我当刑而王，几是乎？"几字《集解》云：骃谓几近也。同传又云"布已论输骊山"，《正义》曰："言布论决受黥竟，骊山作陵也。"初读此书，不读注是不懂的。

清梁玉绳有《史记志疑》，此书刊于乾隆年间；张文虎有《史记札记》，崔适有《史记探源》。这是清代有关《史记》的名著。

《汉书》一百二十卷，班固撰。其妹班昭续成之。班固《后汉书》有传，其父彪，专意史籍。固在《司马迁传》后对迁的评论，实彪之意。他主张"依五经之法言，同圣人之是非"，儒学已成为当日的统治思想，班氏和司马迁所处的时代不相同了。班固"九岁，能属文诵诗赋。及长，遂博贯载籍，九流百家之言，无不穷究。不为章句，举大义而已"。随父居洛。父死后，还扶风，潜心于国史，为人所告私作国史，被逮捕入狱，他写的史书也被没收了。其弟超诣阙上书，明其著述之意，被没收的文章送到了京师，被皇帝看到且受到称赞。遂除兰台令史，后迁为郎。其书“起元高祖，终于孝平王莽之诛……二百三十年（高、惠、吕后、文、景、武、昭、宣、元、成、哀、平）”。其书颂汉之德，范晔说“其论议常排死节，否正直，而不叙杀身成仁之为美”，是说得很对的。范晔又说“迁文直而事核，固文赡而事详”；“固之序事，不激诡，不抑抗（即无毁誉，无进退），赡而不秽，详而有体，使读之者亹亹而不厌”。范晔说得十分正确，我近来重读《汉书》列传，常常放不下手，真是“亹亹而不厌”。

固曾随窦宪征匈奴，刻石纪功（《燕然山铭》）。后宪败，固亦以奴事入狱，死于狱中。

《汉书》仍《史记》之体，为本纪十二，表八，志十，列传七十。其志即《史记》之书，合礼、乐二书为《礼乐志》，合律、历二书为《律历志》，改《平准》为《食货》，变《天官》为《天文》，易《河渠》为《地理》，《封禅》为《郊祀》，增《五行》《艺文》《刑法》《沟洫》，遂为十志。《地理》《艺文》《食货》《刑法》都极重要。

班固附《叙传》于《汉书》之末，述其父与己之学术思想，述作史之意。他以为“汉绍尧运，以建帝业”，“史臣追述功德，私作本纪，编于百王之末，厕于秦项之列”，因此他要写一部独立的以刘邦为始的《汉书》。

他对刘邦极尽歌颂之能事，以为“实天生德，聪明神武”，“革命创制，三章是纪。应天顺民，五星同晷”。

刘知幾论云：“如《汉书》者，究西都之始末，穷刘氏之废兴，包举一代，撰成一书。言皆精练，事甚该密。”

《汉书》是很难读的，《后汉书·列女传》说班昭（七十余岁）“兄固著《汉书》，其八表及《天文志》未及竟而卒，和帝诏昭就东观藏书阁踵而成之”。又说：“《汉书》始出，多未能通者，同郡马融伏于阁下，从昭受读。”

唐颜师古注《汉书》。师古为颜之推孙。官唐贞观中，少传家业，博览群书，尤精于训诂。太宗太子承乾命注《汉书》，“解释详明，深为学者所重”。（《旧唐书》卷七三本传）

清王先谦作《汉书补注》，集清儒周寿昌、洪颐煊、汪远孙、全祖望、徐松、王绍兰、杨守敬、沈钦韩、李慈铭校注之大成。杨树达复为之补正（1925），后成《汉书管窥》，学术价值是很高的。

《后汉书》一百二十卷，范晔作。本纪十、列传八十、志三十。志是司马彪作的，刘昭注补，原单行，今附纪传为一书。宋人误以为刘昭作。

范晔是南朝宋时人，他的祖父叫范宁，是《穀梁传》的专家，现在的《穀梁传注》，就是他作的。

在他之前，东汉一代的史书已不少。官修的有《东观汉纪》，私人的著述有七种，其目今尚存于《隋书·经籍志》，其中最著名的有吴谢承的《后汉书》和晋司马彪的《续汉书》。现存《后汉书》的志（《律历》《礼仪》《祭祀》《天文》《五行》《郡国》《百官》《舆服》）即彪所作，其中《百官志》还是首创。袁宏的《后汉纪》，也在《后汉书》之前。

范晔出生在学术世家，祖宁、父泰都是著名的学者。他自己说“常耻作文士”，是很有志向的。曾任彭城王义康的参军，左迁宣城太守，“不得志，乃删众家《后汉书》为一家之作”。宋文帝刘义隆是一个非常猜忌的人，檀道济是宋的功臣，捍御北疆，为魏所惮，义隆忌之，处之死；道济临死，说：“乃坏汝万里长城。”他对于自己的兄弟，也都不放心，范晔便死在这一皇室内部的斗争中，元嘉二十二年（445），有人告发他密谋拥立刘义康，被处死。

范晔《狱中与诸甥侄书》说：“既造《后汉》，转得统绪，详观古今著述及评论，殆少可意者。班氏最有高名……博赡不可及之，整理未必愧也。吾杂传论，皆有精意深旨……比方班氏所作，非但不愧之而已。”我看这都是事实，一点不自夸。许多传都读起来使人激动、奋发。

范晔此书出，后汉史其他著作，遂逐渐散佚。唐章怀太子李贤曾注此书。贤，《旧唐书》卷八六有传，说他为太子时，召集当时学者注此书。其书长于训诂。清儒惠栋有《后汉书注》，其后又有王先谦的《集解》。

《三国志》，西晋陈寿撰，六十五卷。《魏书》三十卷、《蜀书》十五卷、《吴书》二十卷。陈寿死于西晋统一之后的十七年（297）。他撰此书时，魏、吴均已有史书，官修的有王沈的《魏书》、韦昭的《吴书》，私撰有鱼豢的《魏书》，惟蜀无史。陈寿作魏、吴二书，其基本材料当出于此。寿是蜀人，又从学于谯周，《蜀书》所记，俱出他的搜采。蜀灭，为张华所赏识，除著作佐郎。撰蜀相《诸葛亮集》，为著作郎。时人称其善叙事，有良史之才。在《蜀书·诸葛亮传》中，他说亮是“识治之良才，管萧之亚匹”，师出无功，民困力疲，“应变将略，非其所长”，是说得很对的。《晋书》说“寿父为马谡参军，谡为诸葛亮所诛，寿父亦坐被髡”，故寿对诸葛有贬词，可说是“以小人之心，度君子之腹”。除《三国志》外，寿还有《益都耆旧传》《古国志》传于世。

陈寿死后百余年，裴松之为《三国志注》。松之广泛地收集资料，不像他的儿子裴骃，仅注意名物训诂，而把力量集中于史实的补充和考订，为我们保留了很多三国时的史料。《宋书》卷六四叙其生平，说“年八岁，学通《论语》《毛诗》。博览坟籍，立身简素”，曾参加刘裕的北伐战争，到过洛阳和长安。文帝诛徐羡之后，曾出使湘州。后奉命注《三国志》，“鸠集传记，增广异同”（引书多至二百余种），书呈文帝，颇被赞美，说“此为不朽矣”。卒年八十，子骃，为《史记集解》。

陈寅恪先生《读洛阳伽蓝记书后》云：“裴松之《三国志注》人所习读，但皆不知其为合本子注之体。”这一时期的史书，如梁刘孝标注《世说》，郦道元注《水经》，《洛阳伽蓝记》之正文与子注，都是合本子注之体。这受的是印度的影响。

司马光《通鉴》叙赤壁之战，取裴注者有七八处。后人对裴注有贬有褒，中华标点本说明谓“裴注多过本书数倍”，则是不实之词。有人曾统计过正文和注文，确断注文分量不及本文（见《上海师范学院学报》）。

《宋书》是第五部属于私家著述的正史，一百卷，本纪十、志三十、列传六十。梁沈约撰。志一袭旧制，颇详于礼乐（礼五、乐四），沈约作《宋书》之前，已有何承天，裴松之、徐爰所作的《宋书》。《隋书·经籍志》著录徐爰《宋书》六十五卷，其时当与沈书并行。此书保存当时史料，是相当丰富的。以《谢灵运传》来说，载了《山居赋》的全文，为我们描绘了当时一幅贵族地主庄园的图画；此传史论，勾勒了自战国至当时的文学发展线索，多为学者所引用。其论音律之语，亦为沈约对诗歌声律意见的第一手资料。

《宋书》之末，有沈约自序。《梁书》卷十三有《沈约传》，俱研究此书必读之作。萧衍做皇帝，与沈密谋。即位后，约为端揆，“好故籍，聚书至二万卷，京师莫比”。传言约“用事十余年，未尝有所荐达，政之得失，唯唯而已”。萧衍曾问他关于栗子的记载有多少，两人都凭记忆写了出来，最后约比萧衍少出三事，出谓人曰：“此公护前，不让即羞死。”他写了《晋书》《宋书》《齐纪》，今传者惟《宋书》。

《南齐书》，五十九卷，纪八、志十一、列传四十。萧子显撰。子显，《梁书》卷三五有传。齐之宗室，好学，工属文。采众家《后汉书》，考正同异，为一家之言，今已不存；复作《齐书》。在此之前，江淹已为十志，沈约为《齐纪》。后来《南齐书》亦有散佚，嘉祐校七史，具列校者名字，自丁宝臣、曾巩、孙洙、孙觉而下，共八人。

《南北史》，唐李延寿撰，《南史》八十卷，《北史》一百卷。延寿父大师，多识前世旧事，常以南北朝诸史，详本国而略他国，多所失误，思有述作，而志未成。延寿数与论撰，所见益广，乃追终先志，作《北史》。起登国（386），尽义宁（618），作本纪十二，列传八十八。起永初（420），迄祯明（589），作本纪十，列传七十，曰《南史》。宋人极称之，说此二书，“删烦补阙，为近世佳史”。延寿世居北土（相州），其作史当在贞观之时。曾预修五代史志，于《北史》用力独深，其所用史料多有出魏周七书之外者。《南北史》诸传，如《南史》王、谢，分占五卷，《北史》崔、卢、李、裴，亦各专列传十八、二十、二十一、二十六。《总目提要》讥其“以姓为类，分卷无法，《南史》以王谢分支，《北史》亦以崔卢系派”，“岂知家传之体，不当施于国史”。平心论之，这正是延寿史作的长处。南北门阀之盛，世所习知，寅恪先生昔年以为婚宦为此一时期历史的关键。延寿列王、谢、崔、卢诸人于一传，正反映了当日的实际。

《新五代史》，七十五卷，欧阳修撰。唐以后所修诸史，这是仅有的一部私家著述。欧阳修褒贬准《春秋》，故义例谨严；叙述祖《史记》，故文章高简。对事实则不甚经意，故此书一出，即有吴缜《五代史记纂误》之作。

以上所述，都是私撰的正史。《新五代史》实为最无价值的一种。从史料学言，是如此；从史学言，也是如此。

北魏（386—534）灭亡，《北齐》为魏修史，这是我国第一部新立之朝为前朝所修的史书。此史前人多非之，甚且谓为秽史。《总目提要》云："人非南、董，岂信其一字无私！但互考诸书，证其所著，亦不甚远于是非。"还是比较公正的。

齐受禅后一年，天保二年（551），诏撰魏史，收愿"得直笔东观，早出《魏书》"，遂在高隆之总监下，与房延祐等七人修魏史。虽发凡起例，尽出于收，而列传之修撰实出众手。在此之前，魏史已有魏之国史，自邓渊、崔浩、高允以至李彪、崔光，皆预史事。崔浩被杀，其书实存。崔鸿《十六国春秋》，当时亦为魏收所本。其言晋事，则采孙盛之书。列恭宗景穆帝于本纪，因为他曾监国，理万机；创《释老》于诸志，是由于当时佛老独盛。这都是很有见识的。

凡十二纪、九十二列传、十志（《天象》《地形》《律历》《礼》《乐》《食货》《刑罚》《灵徵》《官氏》《释老》）。列传之标题目者，有《外戚》《儒林》《文苑》《孝感》《节义》《良吏》《酷吏》《逸士》《术艺》《列女》《恩倖》《阉官》。大抵仿范晔。

收书之后，有魏澹《后魏书》，张太素《魏书》，《高氏小史》（唐高峻撰）。宋校七史，史学名家刘攽、刘恕、安焘和范祖禹校此书，以魏澹之《太宗纪》，张太素之《天文志》

二卷，及《小史》之《静帝纪》补之。前二书今所存者亦止于此。《北史》删《魏书》者十之一，袭《魏书》者十之九，亦可见此书之详略得当的情况。赵瓯北（翼）谓收修史时，魏朝载籍具在，可谓知言。《北史·魏收传》云："勒成魏籍，追踪班马。婉而有则，繁而不芜，持论序言，钩深致远。"

史称杨愔、高德政俱荐收，而倍以奖掖人伦为己任，"门绝私交，轻货财，重仁义"；高德政亦以戆直著称。魏收亦曾谏孝武狩猎，出使于梁，高隆之曾向他要南货，敲他的竹杠，但没有达到目的。他对高欢，也不是一味恭顺取容，多次受到高欢的责罚。对于学艺，他的兴趣是浓厚的，除《魏书》外，有集七十卷。明张溥《汉魏六朝百三家集》所录魏收诗文有二十七篇。其人品也还是以"忠直自见"的。

唐统一之后，命房玄龄修晋史，从贞观二十年（646）起、至二十二年（648）修成，费了三年的时间。参加编写的人员很多，前后共二十一人。玄龄之外，监修的还有褚遂良、许敬宗。

《晋书》一百三十卷，帝纪十、志二十、列传七十、载记三十。《载记》叙十六国事，如《刘元海载记》叙前赵，《石勒载记》叙后赵。唐以前，晋史有二十多种，还有大量的诏令、仪注、文集，史料是很丰富的。但《晋书》编写多取材于臧荣绪的《晋书》。

修史的目的是总结前代兴亡，唐太宗亲自作司马懿（宣帝）的传论，司马炎的传论，一则说“虽自隐过于当年，而终见嗤于后代”，再则说“良由失慎于前，所以贻患于后”，把朝政之衰颓，直接和帝王的品德、见识联系起来。这也是以史为鉴的一种方式。这和李世民纳谏，以人为鉴的目的是一样的。

李渊武德四年（621）时，令狐德棻即建议编梁、陈、齐、周、隋五史，目的是“贻鉴”。德棻曾参加过反隋斗争，高祖曾问何以为政，答曰无为；他说禹汤之兴在罪己，桀纣之亡在罪人。贞观三年，旧事重提，遂命姚思廉为《梁书》《陈书》，李百药为《齐书》，令狐德棻为《周书》，魏徵为《隋书》，由魏徵总其成。贞观十年（636）正月，书成，称《五代史》。贞观十五年（641），又命于志宁、李淳风、韦安仁、李延寿等续修史志，先后由令狐德棻、长孙无忌总其成。五史都只有本纪和列传。《梁书》五六卷，本纪六、列传五十。《陈书》三六卷，本纪六、列传三十。《北齐书》五十卷，帝纪八、列传四十二。《周书》五十卷，本纪八、列传四十二。《隋书》五十五卷，帝纪五、列传五十。史志三十卷（礼仪七、音乐三、律历三、天文三、五行二、食货一、刑法一、百官三、地理三、经籍四），原别行，今附《隋书》，称《隋志》。这些志都很重要，《经籍》为考汉以后著作的要籍，《天文》《食货》亦然。五史作者大都有家学，像修梁、陈书的姚思廉，其父察，在陈时即参与梁史的编撰，入隋后，又受命编撰梁、陈二书，未成而死。二书编撰都有凭借。沈约、裴子野、顾野王都作过梁史，许亨写的《梁史》有五十八卷，谢吴的《梁书》有四十九卷，何之元和刘瑶亦各有《梁典》。顾野王在陈时，即编成“国史纪传二百卷”，陆琼还有《陈书》。和其他三史一样，史料价值都是很高的，其中也有不少问题，疏漏和重复都有，清代史学家如王鸣盛的《十七史商榷》、钱大昕的《廿二史考异》、赵翼的《廿二史札记》，都有所述论。

李百药的父亲李德林，在北齐即参加国史的编写，成纪传二七卷。《周书》以前，有西魏史官柳虬所作的官书（可能没有完成）和牛弘的《周史》，《史通》说《周书》只是对牛弘之史“重加润色”。

这五史在宋都曾经校补，梁、陈二书都有曾巩的校序，《周书》则是安焘、王安国、林希署名的。

《旧唐书》，后晋刘昫撰，二百卷。刘昫，新、旧《五代史》俱有传。此书本吴兢、韦述、于休烈、令狐峘之唐史，自高祖至肃宗，纪志传皆有，凡一百三十卷。唐代各朝，都有实录，今存韩愈《顺宗实录》。《顺宗纪论》题韩愈，《宪宗纪传》题蒋系，即其明证。但长庆以后，乃掇拾杂说传记，多不如前。刘昫之前，后唐时，已为修唐史做了不少的准备工作。后晋天福六年（941）正式编修，至出帝开运二年（945）修成，历时四年有余。修书时，先由赵莹监修，以后桑维翰、刘昫继之，实际上，是张昭远、贾纬做的。司马君实修《通鉴》，唐事则取此书。

《旧唐书》至清始列入正史。宋时，以其枝蔓，重修《唐书》，曾公亮《进新书表》云旧书“纪次无法，详略失中，文采不明，事实零落。……不可以垂劝戒，示久远”。实则以史料言，此书实胜新书。

《新唐书》，宋欧阳修、宋祁奉敕撰，二百五十卷。志中，有为前史所无的《仪卫》、《选举》和《兵》。进士科始于隋，至唐而大盛。进士、明经二科，为人才所自出。增《选举》，实史官之特识，不步趋于前哲的表现。嘉祐修《唐书》，正当宋代禁兵不足以抗敌的时候，乡兵已逐渐在邻近辽、夏前线地区建立了，总结前代兵制，乃当日政治的需要。志之外，表亦佳，如《宰相世系表》。列传亦有远胜《旧书》者，如《黄巢传》，旧只一千六百余字，而新几及六千字。

一般说来，纪、志出自欧阳修，列传则为宋祁之作。宋祁与兄庠（即郊）同举进士，号称“二宋”（考卷祁第一，庠第三；太后以为弟不当先于兄，仍以庠为第一，祁第二），以文学显。郊字公序，《国语》的公序本，即郊所刻也。祁修书在天圣之末，修修书在至和、嘉祐，相去二十余年。

《新唐书》自以为“事增于前，文省于旧”。实则事增指的是穆宗以后。《通鉴》不取此书。

此书一出，吴缜即作《新唐书纠谬》二十卷，凡二十门，四百余事。缜自序云：“予方从宦巴峡，僻陋寡闻，无他异书可以考证，止以本史自相质正，已见其然；若广以它书校之，则其穿穴破碎，又当不止此而已也。”欧、宋作《唐书》，重义理、文章，而忽于考订。吴缜所纠者，正其所疏略者也。（王明清《挥麈录》云：欧公重修《唐书》，缜尝请预官属之末，修以其年少轻佻拒之，缜颇鞅鞅，后遂有《纠谬》之作。）

《旧五代史》，北宋薛居正奉敕撰，一百五十卷。北宋建立之后十三年，即开宝六年（973）修《梁唐晋汉周书》，由薛居正监修，卢多逊、扈蒙、张澹、李穆、李昉同修。薛居正当时是宰相，修成后，赵匡胤亲自阅读，说：“昨观新史，见梁太祖暴乱丑秽之迹，乃至如此，宜其旋被贼虐也。”

《五代史》以梁唐晋汉周各自为书，本之实录者居多。五代诸朝，梁唐晋汉周皆有实录。《新五代史》则有采自小说者，如朱温兄《朱全昱传》载全昱呼其弟为朱三，说他是“砀山一百姓……灭他唐家三百年社稷，吾将见汝赤其族”，就比《旧五代史》生动而更保存着历史的真实。

欧史成，修死后始出。金章宗泰和七年（1207），即宋宁宗开禧三年诏学官只用欧书，薛史遂微。清修《四库全书》，始从《永乐大典》辑录，复自《册府元龟》《通鉴考异》中所引补充，“同时还从其他史籍、类书、宋人说部、文集、五代碑碣等数十种典籍中辑录了有关的资料，作为考异附注”。

宋辽金三史，都是元朝修的。元初，诏修宋史，虞集即曾奉命修宋辽金三史，因修史体裁意见不同，长期未能成书。一派主张“以宋为世纪，辽金为载记”，一派则主张“以辽金为北史，宋太祖至靖康为宋史，建炎以后为南宋史”。直到元末顺帝至正三年（1343），才决定宋辽金各为一史，只用了两三年，将三史修成。三史都由脱脱总其成。

《宋史》四百九十六卷，是二十四史中最大的一部。由丞相脱脱总其成，铁木儿塔识、贺惟一、张起岩、欧阳玄等参加主编工作。在此之前，《宋史》的“纪传表志本已完备”，从发凡起例至书成，只用了两年多的时间。此书中华本的出版说明谓：“列传比《旧唐书》多一倍。《食货志》十四卷，相当于《旧唐书》的七倍。《兵志》十二卷，是《新唐书》的十二倍。《礼志》二十八卷，占二十四史所有礼志的一半。”过去这部书以“繁芜杂乱”著称，但保存了丰富的史料，有出《宋会要辑稿》、《续通鉴长编》和《通考》之外者。《提要》以为《宋史》“以宋人国史为稿本”，因之北宋史料保存了很多，中叶以后就不然。特别是宋末，像有些传，仅仅是张简单的履历表。

《辽史》一百六十卷，脱脱是总纂（都总裁），廉惠山海牙、王沂、徐昺、陈绎任分撰。辽和我国历史上的王朝一样，设了史官，也有实录。这部实录，由耶律俨综合编订而成，故又称《耶律俨实录》。《辽史》就是依据这部实录作的。金朝二次纂修辽史，均以此为依据，此外还有陈大任的《辽史》流传。元未灭宋前，即议修辽史，以义例未定，以至“六十余年，岁月因循”。直到元末，才与宋金二史同修，只用十一个月就修成了。这部书是以耶律俨的《实录》和陈大任的《辽史》为依据的。耶律与陈的原书，今已不存，辽史是现存的唯一一部系统而完整地记载辽二百多年历史（907—1125）的著作。

《金史》一百三十五卷，由阿鲁图奏上，实际上是欧阳玄编写的。元未灭宋前，即议修辽金二史。当时可据的史料，既有金张柔从史馆取出的历朝实录，又有王鹗的《金史》，刘祁的《归潜志》和元好问的《野史》。元好问即元遗山，是个著名诗人，曾有意作金史，采录“金源君臣遗言往行”，作《野史》百余万言。元修金史时，应当说材料是丰富的。《进金史表》云：“张柔归金史于其先，王鹗辑金事于其后。”也说的是这一情况。《金史》卷一二六《元好问传》云：“晚年尤以著作自任，以金源氏有天下，典章法度，几及汉唐，国亡史作，己所当任。……乃构亭于家，著述其上，因名曰《野史》。凡金源君臣遗言往行，采摭所闻，有所得，辄以寸纸细字为纪录，至百余万言。纂修《金史》，多本其著云。”

《金史》修成，用了不到两年的时间，这就是因为它是在以上诸书的基础上成书的。

三史之作，和唐修诸史的目的完全相同。《进金史表》对这一点说得最为明确：“汉高帝入关，任萧何而收秦籍；唐太宗即祚，命魏徵以作《隋书》。盖历数归真主之朝，而简编载前代之事，国可灭史不可灭，善吾师恶亦吾师。”这和《进宋史表》“监于有夏，监于有殷，乃臣子告君之道”是完全一致的。

《元史》，二百十卷，宋濂奉敕修撰。元朝灭亡，明太祖就下令编修元史，仅用了一百八十八天就完成了除元顺帝以外的纪传志表，凡百五十九卷。接着又派欧阳佑等十二人去北平，收集顺帝一朝的史料，于洪武三年（1370）用一百四十三天完成了纪、传、志、表的续修工作，合成二百十卷。全书完成，只花了三百三十一天，即将近一年的时间。

《元史》是在元朝各代实录、虞集《经世大典》、《功臣列传》这些书的基础上修的。顺宗一朝，无实录可证，则遣使四出访搜。现在这些实录已不传，《经世大典》亦大部分遗失，许多内容，只能在《元史》中看到了。

《明史》，三百三十六卷，清张廷玉奉敕撰。康熙十八年（1679）诏修明史，这一年（周）吴三桂死，世瑶立。乾隆四年（1739）书成。本纪二十四、列传二二〇、志七五、表一三。《艺文志》仅载明人著作，《历志》增了图，和过去不同。列传曰《流贼》，曰《土司》，曰《阉党》，也是独创。《提要》云："貂珰之祸，虽汉唐以下皆有，而士大夫趋势附膻，则惟明人为最夥，其流毒天下亦至酷。……闯、献二寇，……至于亡明，非他小丑之比，亦非割据群雄之比。……至于土司，古所谓羁縻州也，不内不外，……大抵多建于元，而滋蔓于明。控驭之道，与牧民殊，与御敌国又殊，故自为一类焉。"这是从当时实际出发而创立的。

此书多本康熙中户部侍郎王鸿绪所撰《明史稿》。张廷玉《上明史表》说："惟旧臣王鸿绪之史稿，经名人三十载之用心。进在彤闱，颁来秘阁，首尾略具，事实颇详。……爰即成编用为初稿。"这里所说的名人，即万季野斯同。钱大昕《潜研堂文集》卷三十八《万先生斯同传》，说斯同熟于明代掌故，自洪武至天启实录都能默诵。修《明史》时，先后总裁都礼请斯同，委以刊修之事。斯同又以明史自任，曾论官修史之失，以为“官修之史，仓卒而成于众人，不暇择其材之宜与事之习……分操割裂，使一代治乱贤奸之迹，暗昧而不明耳”。他以为实录是“直载其事与言而无所增饰”的材料，但要追求其“事之端”，“言之发”，“则非他书不能具”。因此，斯同往往对“实录之难详者”，以他书证之。钱大昕说：“诏刊定《明史》，以王公鸿绪史稿为本而增损之，王氏稿大半出先生手也。”斯同“读书过目不忘”，为《历代史表》，以为“读史而不读表，非深于史者也”。《明史》诸表，其七卿表亦独造。（明废左右丞相，事归六部，而以都察院纠核百司为任亦重，故合而为七。）

四、史籍述评（编年史）

《资治通鉴》，二百九十四卷，起公元前403年三家分晋，迄周显德六年（959），第二年即陈桥兵变，赵匡胤称帝，国号为宋。作者司马光（1019—1086），历仁、英、神、哲四朝，是北宋著名的政治家。编著这部书，始于治平三年（1066，《十七史商榷》谓二年，误），迄于元丰七年（1084）十二月，凡十九年。司马光撰《通鉴》之志已久，先作《通志》，已成八卷，呈进。后来他又上表英宗，明确地说此书所记的是："……关国家之盛衰，系生民之休戚，善可为法，恶可为戒，帝王所宜知者。"以为"私家区区力不能办"，请求英宗为他配备人力，并推荐了刘恕和赵君锡。赵因家有大丧，朝廷另派刘恕参加编写工作。熙宁三年（1070），刘恕回乡，范祖禹参加工作，及至《通鉴》编成。熙宁三年九月，司马光因不赞成青苗、助役法出知永兴军，以书局自随，不久移西京，专门著书，凡十五年。

《资治通鉴》是我国史学著作中的绝作，和《史记》一样，同为史学中不朽的巨著。其作者与司马迁并称为"两司马"。非常有意义的是《史记》产生于一个新时代开始之后的约略三百年之时。唐天宝乱后，我国进入了一个与其前不同的时代，租佃制逐渐确立之后，直至近代不改；史书所说的"不立田制，不抑兼并"，均田制破坏以后就这样了。唐代开始的古文运动，宋以后，古文在散文中占统治地位八百多年。理学的萌芽，众所周知，也是应当上溯至中唐的。而《资治通鉴》的产生，也正是在安史之乱后约略三百年之时。

以古为鉴，在北宋是很突出的。真宗景德二年（1005）命王钦若、杨亿等修历代君臣事迹，至大中祥符六年，凡八年而书成，诏题曰《册府元龟》，也是想取鉴于旧史。宋代史学是我国史学发展的一个高峰。所谓“三通”，《通志》《通考》即占其二。踵《通鉴》而作的，有《续资治通鉴长编》《建炎以来系年要录》，还创为纪事本末体，《通鉴纪事本末》之外，复有《续通鉴纪事本末》。这不能不说和两宋君臣欲以史为鉴有关。

作者司马光，人们说他在政治上是个保守派，根据是他不赞成王安石变法。但这个人却是关心国家休戚和民生疾苦的，他反对“狭道以求容，迩志以取合，痹言以趋功”，说“小人有才必求用于世以利其身”，“君子有才亦求用于世以行其道”。他对孟、荀都有批评，以孟、荀“羞称五霸”为隘。赞美孔子称殷箕子、微子、比干为“三仁”。虽然这三个人对待纣之暴政，态度不同：箕子去之，微子为之奴，比干谏而死。司马光是一位史学家，不尚空想，对待事物，比较讲求实际。

他的重要助手刘恕，专精史学，极为司马光所推崇。他在为刘恕所写的《十国纪年》序中，对恕非常称赞，说他在洛阳，和恕一道去万安山，路旁有一碑，碑主是五代一位不甚知名的将领，恕却熟悉他的生平，言之凿凿，“归验于旧史”，却一点没有差错，有一次恕去藏书家宋次道家里看书，十天工夫，昼夜不停，就把要读的读完，要抄的抄完了。刘恕还是一位不苟同的人。王安石和他是老朋友，“深爱其才”，可他不赞成王安石在“财用”方面的措施，私下表示不同意，当众亦不讳言自己的见解。他帮助司马光修书，“凡数年，史事之纷错难治者”都交给他，“光蒙成而已”。有人说他只负责《通鉴》的魏晋南北朝部分，有人说五代部分的负责人也是他。柴德赓在《史学丛考》中据《通考·经籍考》所引《送王性之序》，以为“三国历九朝至隋则刘道原，唐迄五代则范淳夫”，实际情况是刘恕也参加了五代部分丛目、长编的编写，定稿却是范淳夫负责的。

刘攽是刘敞的弟弟，《宋史》有传。他是汉史专家，著《东汉刊误》，与兄敞、敞子奉世合作《三刘汉书标注》。

范祖禹参与修《通鉴》时间最长，年纪最轻（比光小二十二岁）。司马光说他：“智识明敏而性行温良如不能言，好学能文而谦晦不伐如无所有，操守坚正而圭角不露如不胜衣。……年未二十……臣已知之，今年四十余，行义完固，常如一日。……同修《资治通鉴》，至今首尾一十五年。由臣顽固，编集此书久而不成，致祖禹淹回沉沦，不得早闻达于朝廷，而祖禹安恬静默，曾无滞留之念。”可见他是一位笃信守道的学者，他精于唐史，所著《唐鉴》，尚存于世。

《资治通鉴》的编纂方法，李焘说得很具体：“先使其寮采摭异闻，以年月日为丛目，丛目既成，乃修长编。唐三百年，范祖禹实掌之。光谓祖禹，长编宁失于繁，毋失于略。今《唐纪》取祖禹之六百卷删为八十卷（实际为八十一卷）是也。”（《通考》卷一九三《经籍考》）司马光在给范祖禹《论修书帖》中说：“且将新旧《唐书》纪志传及《统纪》《补录》并诸家传记小说以至诸人文集稍干时事者，皆须依年月添附；无日者附于其月之下，称是月；无月者附于其年之下，称是岁；无年者附于其事之首尾；其无事可附者，则约其事之早晚，附于一年之下。”关于如何处理年月日的问题，是说得很详尽的。司马光在《进书表》中说他自己修《通鉴》的情况是：“日力不足，继之以夜。遍阅旧史，旁采小说，简牍盈积，浩如烟海，抉摘幽隐，校计毫厘。”是合乎事实的。《通鉴》修成，相传洛阳还有两间屋子的残稿，大约都是长编的底本。其所用书，除正史外，所采杂史多至二百二十种（高似孙《纬略》谓二百二十二种，《四库提要》谓三二二种，张须《通鉴学》谓三百余种）。宋神宗为之序，说它“博而得其要，简而周于事，是亦典刑之总会，册牍之渊林”，又说：“贤于荀悦《汉纪》远矣。”（陈振孙《直斋书录解题》）赐名“资治通鉴”。但这部大著，当时能读的人亦不多，司马光说：“自吾为《资治通鉴》，人多欲求观读，未终一纸，已欠伸思睡。能阅之终篇者，惟王胜之耳。”（《宋史》卷二八六《王益柔传》）胜之是王益柔的字，范仲淹参大政，和他还不相识，便推荐他为馆阁，是一位有志有学问，而不尚词赋的人。

历史的经验值得注意。《通鉴》一书，就是“监前世之兴衰，考当今之得失”。在我国史学中，以古为鉴是一个传统，而《通鉴》是最突出的。因为这个缘故，作者于史料力求其真，封建社会一千多年，记农民起义不厌其详，其故即在于此。近人在论《通鉴》时，对于其书农民起义这一点，多有褒词，但不理解此书怎么样会“写了不少农民起义可歌可泣的事情”，似乎在这一点上，司马光偏离了地主阶级的根本立场。《考异》也是被肯定的。司马光在《进书表》中说：“参考群书，评其同异，俾归一途，为《考异》三十卷。”《考异》之作，也就是在力求史料真实之思想指导下的产物。从不真实的史料中，是总结不出经验教训来的，当然也就说不上以古为鉴了。

从“关国家之盛衰，系生民之休戚，善可为法，恶可为戒”出发，《通鉴》所书，重在政治。战国以来，历朝政治、军事、经济，重要人物的言行，不同性质的战争，治乱兴亡，记载得真是博而要，简而周。特别是战争，写得特别具体、详细。赤壁之战、淝水之战发生的原因，战争的具体过程，指挥战争人物的心理，战争的得失成败，虽都取资于成作，却极生动，使人读来如亲临其境。对文学艺术，却少措意，伟大作家像屈原、陶渊明竟一字不及，符瑞、图谶、占卜、神怪也是不谈或少谈的。在他看来，文艺和国家兴亡、生民休戚是无关的，神怪、占卜关系也很少。

我国地主阶级统治时间的长久，世界史上是第一，其统治经验的丰富，也是少有的。史学是充分地被地主阶级利用过的，《通鉴》在这些著作中是无与伦比的。其影响是广而且深的。宋末胡三省注《通鉴》，其序有曰：“为人君而不知《通鉴》，则欲治而不知自治之源，恶乱而不知防乱之术。为人臣而不知《通鉴》，则上无以事君，下无以治民。为人子而不知《通鉴》，则谋身必至于辱先，作事不足以垂后。乃如用兵行师，创法立制，而不知迹古人之所以得，鉴古人之所以失，则求胜而败，图利而害，此必然者也。”（《新注资治通鉴序》）胡三省是一位爱国学者，陈援庵先生说他“忠爱之忱见于鉴注者不一而足”（《通鉴胡注表微》小引），称他为“一位爱国史学家”（同上书重印后记）。

清代著名史学家跋柯维骐《宋史新编》，对《通鉴》极为赞扬，说：“读十七史不可不兼读《通鉴》。《通鉴》之取材多有出于正史之外者，又能考诸史之异同而裁正之。昔人所言事增于前，文省于旧，惟《通鉴》可以当之。”中华标点本也说：“司马光等人毕竟在收集史料、考订事实、编排年月以及文字的剪裁、润色等方面下过一番功夫，它仍然是祖国文化遗产里的重要典籍。”

《通鉴》元祐初在杭州镂板，这是最早的本子，今已不存。绍兴初余姚覆刻元祐本，即中华书局本书影所称浙东茶盐公使库本，此为第一传。元至元初燕京兴文署覆刻绍兴本，为第二传，元末临海刻胡注，正文用的即兴文署刻本，此为第三传，中华书局本亦有此书影。清嘉庆胡克家重雕胡注，即为第四传。（见《表微·校勘篇第三》）这是就其单传说的，支派尚多，覆刻元祐本者也不止一种。（可看《四库简明目录标注》）

继《通鉴》而作的，有南宋李焘的《续资治通鉴长编》。此书现存清从《永乐大典》中所辑的五二〇卷本（四库本、张金吾活字本、浙江书局本），是北宋最重要的编年史。原起建隆元年（960），迄于靖康，凡九百八十卷（原卷数多歧说，《郡斋读书志》记九四六卷，《通考》《玉海》《中兴两朝圣政》均作九百八十卷，《宋史》李焘传作九七八卷，《直斋书录解题》作一六八卷）。他自己说此书从收集材料及至写成“垂四十年”；叶水心亦云：“先公曰：‘李文定公纂本朝《长编》，收拾旧事垂四十年。’”本书“于实录、正史之外，凡传记、小说，采摭殆尽，考其异同，定其疑谬，精密切当，皆有依据”。他对司马光是极佩服的，“以木橱十枚，每橱抽替匣二十枚。每替以甲子记之，凡本年之事，有所闻，必归此匣，分日月先后次第之，井然有条”（周密《癸辛杂识》），和修《通鉴》时一样，是“宁失于繁，毋失于简”的。据不完全统计，今本《长编》所引书籍，已有四百多种，原书当然要更多。其中有不少今已无存，也有出现存者内容之外。[今本缺徽、钦二朝及治平四年（1067）四月至熙宁三年（1070）三月，元祐八年（1093）七月至绍圣四年（1097）三月共七年之事。]当然，也是“考其异同”，效法司马光。今本《长编》李焘自注，就是考异性质的注文，有人统计约有一万二千余条，计七十余万字。

王安石变法和王学（《三经新义》），李焘是不赞成的。《宋史》卷三八八李焘传说他“耻读王氏书”，对司马光却佩服之至。但《长编》中却保存了大量变法的史料，今天《熙宁奏对日录》赖以得见一二，就是《长编》中所采录的。为什么会如此，也只能从“以古为鉴”这一点求得说明。

《长编》于淳熙十年（1183）（《通考》作九年，误；《总目》又误九为元）完成。孝宗说他的书“无愧司马迁”（《宋史》卷三八八）。宋代思想家叶适以为“李焘史最信而核”（《习学纪言序目》），“《春秋》以后才有此书”（《宋史》卷三八八）。清朱彝尊《曝书亭集》卷四五说：“宋儒史学以文简为第一。盖自司马君实、欧阳永叔书成，犹有非之者，独文简免于讥驳。”

上海师范大学1978年开始整理此书，以局本（1879年）为底本，校以辽图及北图所藏宋本（辽图藏即徐乾学所藏一百七十五卷本，北图是另一宋刻一七五卷本，多佚，用徐乾学所藏抄补），文澜阁本和活字本（1819年）。今年底将全部校读完毕。

抄《通鉴》而成的史学名著，有袁枢的《通鉴纪事本末》。纪事本末是一种新的史体，在这方面，袁枢所作是一个创造，他将《通鉴》所记，约为二百三十九事。如秦末陈胜、项羽、刘邦之反对暴秦，约为“豪杰灭秦”；刘秀起兵以至称帝，约为“光武中兴”；汉末黄巾起义，约为“黄巾之乱”；唐初翦灭群雄，包括农民起义军在内，约为“唐平东都”（李密、王世充）、“唐平河溯”（窦建德）、“唐平陇右”（薛举）、“唐平河西”（李轨）、“唐平河东”（刘武周）、“唐平江陵”（萧铣）、“唐平江淮”（杜伏威、辅公柘）、“唐平山东”（刘黑闼），凡八事，有头有尾，按年代顺序，全录《通鉴》之文。这部书于初学，是很方便的。继此而作的有《左传纪事本末》，宋、辽、金、夏、元、明、清纪事本末等。这也是《通鉴》的影响，因为这部书为人所重，按事集录其文，这种集录，又便于观览，于是作者继踵而出。李焘《续资治通鉴长编》一出，也有一位杨仲良，写了一部《续通鉴长编纪事本末》，此书全仿袁枢，北宋九朝事各为事目，事目之下，更分子目。如《青苗法》共两卷，子目有四："司马光辞枢密使"，"富弼被劾"，一首一尾，都是子目。此书现已残缺。但徽钦两朝事，恰为今本《长编》所无，故《长编拾补》取之，甚有资料价值。

受《通鉴》影响而成的编年史，有清人毕沅搜罗了一批史家而成的《续通鉴》，这是宋辽夏金元史的基本著作。这部书未出之前，续《通鉴》之作，已非一种。明代陈柽、王宗沐、薛应旂都有所著述，但“疏舛过甚”，清初徐乾学约集名家万斯同、胡渭、阎若璩成《资治通鉴后编》，缺点仍然很多。毕沅在这些著作的基础上，“博稽群书，考证正史”，“始宋迄元，为《续资治通鉴》二百二十卷”（钱大昕）。“宋事据丹棱、井研二李氏书而推广之，其辽金二史所载大事，无一遗落，又据旁籍以补其逸”；“元事多引文集，而说部则慎择其可信者。仍用司马先例，折中诸说异同，明其去取之故以为考异”（章学诚）。参加此书编纂者有当日著名史学家章学诚、邵晋涵。中华书局标点本，失校失读之处甚多。

在《通鉴》影响之下而成的宋人编年史，有李心传的《建炎以来系年要录》，心传和丹棱都是四川人。《要录》记靖康以后事，终于绍兴。史料出自日历、实录、会要，这都是官书，他还广取各种私家著述，考订精细。四十多年前，我读此书，简直一气呵成，北宋末及南宋初史事，似乎“了如指掌”。此书辑自《永乐大典》，新中国成立后重印国学基本丛书本，中华书局发行。

《要录》之外，还有《三朝北盟汇编》。三朝者，徽、钦、高三朝也。北盟，指和金国的关系，和与战都包括在内。这是一部材料汇编，按时间顺序排列。所录材料，前面都有概括的标题，都是些原始材料，包括当日官方的盟书和文告。作者徐梦莘是江西临江军人，和刘攽、刘敞、刘奉世是同乡。古代学术，除师承之外，还有地区的关系，这又是一个证明。梦莘说他书中史料取于“诏、敕、制、诰、书、疏、奏议、纪传、行实、碑志、文集、杂著，事涉北盟者，悉取铨次”。清修四库书，对之颇有改窜，惟蜀中刻本保存原来的样子。

五、史与论

（一）史与论的关系

史与论，现在的文章常常提到。20世纪60年代，有人主张以论带史，后来成为以论代史。反对以论带史的，主张论从史出。对论从史出，也有不同的解释。我们这里所说的史，指的是史料；论，是有关历史、史书的议论或理论。

史料不是历史，不是史学的著作，不是史学。章学诚说“六经皆史”，在当时是很进步的，因为经被视为圣人之言，比史要高。但“六经皆史”的史，指的是史料。章学诚以为《通鉴》中的“臣光曰”，是不容易学的，以为“据事直书，善恶自见。史文评论，苟无卓见特识，发前人所未发，开后学所未开”，是不足取的。他不赞成老生常谈。（《代毕沅与钱竹汀论续鉴书》）章学诚是个很有见识的人。

有关历史、史书的议论和理论，基本上属于史学的范围。司马迁说他写《史记》的目的，或者说要求，是“究天人之际，通古今之变，成一家之言”。这就属于史学的范围。天人之际，很难讲。儒家的老祖宗孔子说“天何言哉，四时行焉，万物生焉”；又说“五十而知天命”；又说“天之未丧斯文也，匡人其如余何”。孟子对于天，和孔子有所不同。他说：“天将降大任于斯人也，必先苦其心志，劳其筋骨，饿其体肤。”荀子是最进步的，说：“天行有常，不为尧存，不为桀亡。”但西汉恰恰和他相反，讲什么天人相与，天人相应。司马迁对此大概是怀疑的，但他认为：天人之际还是要究的。际的意思是会、合，究就是研究。通古今之变是西汉对博士的要求。古今有关系，我国很早就知道，《尧典》第一句“曰若稽古”，就是个证明。在西汉，这个重要性，更为人所知。有的人左得出奇，也可以说无知得出奇，要割断历史。二千年前的司马迁，就以“通古今之变”为自己写作的目的。“一家之言”怎么讲，也不要望文生义。迁父谈《论六家要旨》，已经把战国学术思想分为六家，道家、儒家、法家都是自成体系的，都是一家之言。史书在唐以前，已经有了不少，唐代刘知幾对之做总结，说这些史书的编纂，归纳起来，可以说有六家二体，二体者，编年、纪传；六家者，一为材料汇编、典谟训诰誓命之文，可以说都是当日的文书，这就是《尚书》家。此外，还有《春秋》家、《左传》家、《国语》家、《史记》家和《汉书》家。这里所说的“家”，和“一家之言”的“家”是有所不同的。在编纂当中，有各种各样的问题，刘氏都提出了自己的看法。例如疑古事之非实，经言之难信，以阶级社会之情，难氏族社会之实；因地下之发掘（汲冢书），证《春秋》之袭旧（并非如司马迁所说："夫子为《春秋》，笔则笔，削则削。"）。这是对史书议论，是属于论的。我们在上面讲过的"以古为鉴"，人们所熟知的所谓一治一乱，分久必合，合久必分，英雄造时势，时势造英雄，以及对于人物的评论（秦皇、汉武、岳飞），历史事件、事变之议论（如玄武门之变、王安石变法），也都是我们在这里所说的论，成系统的可以说是理论。

史与论，如上所说，当然就不会有"带"的问题，也不会有什么"出"的问题。

马克思主义没有传入之前，我国史学方面，即在研究社会历史方面的理论，不可能是历史唯物主义的。大家知道哲学上的唯物论和辩证法，马克思主义产生之前，就已经有了的。所有的唯物论者，一进入社会历史研究的领域，就不能坚持唯物论。恩格斯、普列汉诺夫、列宁关于这方面说得很多（可认真看一看《论一元论的唯物史观》）。但却不能说在此之前，一切理论都是无用的。诚然，我们的前人是在历史唯心论的指导下研究历史的（文化史观、英雄史观），我们却应当以唯物史观来研究历史，也要以历史唯物主义来研究已往的理论，取精华而去糟粕。唯物史观是马克思、恩格斯的一个创造，是最正确的。例如，个人在历史上的作用问题，马克思之前，有很多人研究过，西方史学认为埃及女皇Cleopatra的鼻子稍微高一点、低一点，罗马的历史就会不同，因为罗马的统治者恺撒、庞贝都被她迷住过，他们的政策受到她的影响。他们认为个人可以决定历史。但也有人以为个人毫无作用。马克思主义却实事求是，认为个人可以在历史上起作用，促进或延缓历史发展的进程，但不能决定历史的进程，有怎样的社会生产力，就有怎样的社会关系。马克思主义的唯物史观，是研究了大量的历史材料而得出来的结论。从这个意义上，可以说是论从史出。因此，他们认为，历史科学是唯一的科学。我们却须以历史唯物论为指导思想来研究历史（史料），既不能是“带”，也不是“出”。

（二）史料的收集与整理

史料不是史学。凡文字记载都是史料。文字记载，经、史、子、集都是。以史来说，如我们在史籍分类中所说，就是正史、编年等十五类（《总目提要》），其中，有的是史书，如《史记》《汉书》；有的是档案，如诏令奏议（《唐大诏令集》《宋大诏令集》）；有的是“史料”，如《通典》、《通考》、会要，以及目录一类的著作。同样，经、子、集也分了很多类，如《春秋》类的书。说得具体一点，像魏晋南北朝，从《后汉书》、《三国志》、《晋书》、宋齐梁陈书、魏周齐书、南北史，以至《隋书》，都是属于正史的史料。编年体的《通鉴》，其所用史料，有超出这十一史之外，而其书今又不存，也是史料。《华阳国志》《水经注》《洛阳伽蓝记》《颜氏家训》《世说新语》，也是研究这一时期历史的史料。《文选》和李善注，《弘明集》，《金石萃编》和南北朝碑志集释亦然。《论语》何晏注，梁皇侃疏，《易》王弼注和三曹诗以及百三名家集中有关这一时期人的诗文，都是史料。曹操诗中的叹息和壮心，阮籍咏怀诗中的深忧，都可以作为研究他们所处的时代的信息。

研究宋史，《宋史》和《续通鉴长编》《系年要录》是基本的史料，《三朝北盟会编》《宋会要辑稿》《文献通考》《玉海》却有更多的原始资料。《宋大诏令集》、宋人文集中的内外制也是原始的资料。内外制都是为皇帝作的文告、命令，特别多的是任命状，对研究宋代职官是很有用的。经、子、集部宋人的作品存世的不少，研究宋史的人，还来不及利用，都说宋代的史料太多。

以上所说，可以说是书面材料。还有很多的考古材料。金石之学，宋代就开始了，欧阳修的《集古录》，赵明诚的《金石录》，这是大家都知道的。礼器上的文字材料，和石刻的铭、颂、志，是研究历史的材料。甲骨文一出土，殷代历史的研究就为之改观。王国维利用这些材料，写了他的大文章《殷周制度论》，胡厚宣更为详尽地描绘了殷代历史各个方面。陈梦家研究金文和甲骨文，写出了较为准确的西周年代（《西周年代考》）。新中国成立后，大量出土材料，说明楚国文明程度是很高的，江陵、寿县、长沙出土的文物，完全可以证明。战国时期生产力的水平，从秦始皇陵墓发掘出来的兵马俑来看，就大大超过了我们对这一时期物质文明的估计。《史记·秦始皇本纪》记载阿房宫前殿："东西五百步（《正义》引《三辅旧事》，说有三里），南北五十丈，上可以坐万人，下可以建五丈旗。"所铸铜人（十二个），各重二十四万斤（董卓铸十为钱，余二又为苻坚所销毁）。秦始皇自营坟墓，参加劳动的有七十万人，"以水银为百川江河大海，机相灌输"，这无疑是实录。项羽怕秦投降他的士卒造反，一夜坑二十余万人，在此之前，白起坑赵卒四十万人。从地下发掘看，我以为这都是实录。用刀剑杀死这么多的人，却是难以想象的。

很可惜，这些地下发掘，我都没有见过。我看过摄影的唐永泰公主墓壁画，也见过摹本。这种材料，比文字更使人相信，唐代文化的发展，确是个高峰。太原晋祠的侍女像，是北宋塑的（共四十三个），主像为圣母，四十二尊侍女分列两侧，发式不同，体态不同，眉目传情，真是栩栩如生，比苏州西园的五百罗汉，杭州灵隐寺的塑像高明多了。

研究历史，史料是十分重要的。不管你有多高的水平，研究任何一个时期，任何一个方面的历史，不全面掌握史料都是不行的。也可以说像做饭，“巧妇难为无米之炊”。但史料不等于史学，不论他掌握多少史料，都不能说他是史学家。史学家在全面掌握史料的基础上，能总结出或抽象出一些规律性的东西来，例如陈寅恪先生从大量胡汉融合的材料中，抽绎出一个关陇集团，而这个集团在隋唐初政治斗争中是一个起决定作用的力量。

（三）史论

在我国史学中，过去起过重要作用，或者说被大家公认的论是怎样的呢？

司马迁的“论”已经说过几次了。司马迁之前，孟轲说“孔子作春秋，而乱臣贼子惧”，一褒一贬，这就是所谓的《春秋》之义。司马迁《孔子世家》所论，“《春秋》之义行，则天下乱臣贼子惧焉”，即本于此。孔子也是很重视史料的，他说：“夏礼吾能言之，杞不足徵也；殷礼吾能言之，宋不足徵也；文献不足故也，足，则吾能徵之矣。”他还认为历史是有继承关系的，夏殷周都是相因的，“损益”都是可以认识的。孔子这些对于历史的看法，影响后世很大。班固自叙其书，说：“叙帝皇，列官司，建侯王。准天地，统阴阳，阐元极，步三光。分州域，物土疆，穷人理，该万方，纬六经，缀道纲，总百氏，赞篇章，函雅故，通古今。”可以说是无所不包，天文、律历、地理、沟洫、艺文；上至帝王，下及臣僚，哲人词客，无所不包。和司马迁是差不多的。我们读小说，讲有本事的人，必说他上知天文，下知地理，三教九流，无所不通。班固之作，就是天文、地理、人事都囊括无遗的。

班、马思想是不相同的，但二人的史学思想却基本相同。班氏批评司马迁“是非颇谬于圣人，论大道则先黄老而后六经，叙游侠则退处士而近奸雄，述货殖则崇势利而羞贫贱”。但称赞其书：“不虚美，不隐恶，故谓之实录。”《后汉书》的作者称：“固文赡而事详。”赞美《汉书》“博赡”，批评他“常排死节，否正直，而不叙杀身成仁之为美”。

刘子玄是我国第一个系统地阐述其史学理论的作者。他通过对史书评论，发表其史学见解。正如刘勰的《文心雕龙》是我国有系统的文学理论书一般。

《史通·自叙》说：“若《史通》之为书也，盖伤当时载笔之士，其义不纯，思欲辨其指归，殚其体统，夫其书虽以史主，而余波所及，上穷王道，下掞人伦，总括万殊，包吞千有。……夫其为义也，有与夺焉，有褒贬焉，有鉴诫焉，有讽刺焉，其为贯穿者深矣，其为网罗者密矣，其所商略者远矣，其所发明者多矣。”

知幾最重“徵实”，他惑经、疑古，都是因为经和古有不实之处。他反对“怯书今语，勇效昔言”，主张“事皆不谬，言必近真”（《言语》篇）。他反对曲笔，晋初诸葛诞、毌丘俭反对司马氏，“破家殉国，视死如生”，却被史书称为“逆”，刘知幾以为这不能激扬名教，“以劝事君”（《曲笔》）。其《书事》篇以为不当书者有四：祥瑞之非关治乱，官吏之位号非实，父兄之官位无闻……都不当书。至如少数民族（廪君、盘瓠）的传说，州閭、委巷的细事琐言，也不当见之于史著，就充分说明了知幾的史学思想的局限。徵实，当然是对的。祥瑞，如他所说，是“主上所惑，臣下相欺，故德弥少而瑞弥多，政愈劣而祥愈盛”，记载下来，也足供后人认识那个时代。

他批评唐修诸史，最为有力，例如《晋书》，“多采《语林》《世说》《幽明录》《搜神记》，或诙谐小辩，或神鬼怪物，其事非圣，扬雄所不观，其言乱神，宣尼所不语”（《采撰》篇），就不一定正确。

他提出：“史有三长，才、学、识，世罕兼之，故史者少。夫有学无才，犹愚贾操金，不能殖货；有才无学，犹巧匠无楩楠斧斤，弗能成室；善恶必书，使骄君贼臣知惧，此为无可加者。”（《新唐书》本传）

他这种说法，清代章学诚以为还当加史德一项，史德即作史时的用心，这实在是一个人的品质问题。

我以为现代能写出一本可称为史学的著作的，也必须具备这四长。史识，就是理论修养，当然还有别的因素，俗话说“见多识广”，除读书外，还要行万里路，做许多调查，广交朋友（包括和自己职业不同的朋友）。史才，主要是文学方面的修养。司马迁、班固都是文学家，大家是知道的。文学修养之外，理论修养也与才分不开。史德，用孟子的话来说，就是“富贵不能淫，贫贱不能移，威武不能屈”；人是高尚的，有道德的。孔子说“见贤思齐”，我们现在说“不谋私利”，都是史学家应当具有的品德。学是功夫，就是我们现在所说的掌握了多少资料。

章学诚是浙江会稽人，生于清乾嘉盛世。青年时并没有表现出什么才能，史载“幼不甚慧”，他自己说“二十岁以前，性绝骙滞”，但他终于成为我国和刘知幾同样重要的史学家，特别是在乾嘉考证之风正盛之时，他能提出史纂、史考和史学的不同。他的“六经皆史”的主张，是大胆的、正确的。虽然他只说经均出于史官，实则把经都看作史料。

他把记注和撰述加以区分，记注即吾人所说的史料，撰述即史著。《通鉴》，在他看来是史著。他以为史著当中，有“比次之书”（史纂），有“独断之学”（史学），有“考索之功”（史考）。他说：“高明者多独断之学，沉潜者尚考索之功。”他提倡通史，赞扬郑樵而卑视马端临。在他看来，郑樵有史识未有史学，曾巩具史学而无史法，刘知幾得史法而不得史意，他自以为四者都通，《文史通义》就是一部代表作。

宋以后，方志就逐渐发达，明代省有省志，府有府志，县有县志，一些大镇，一些名山，都各有志。章氏对于方志进行了全面的研究，他自己也主编过《湖北通志》，写过和州、亳州、永清、天门县志，他以为，“部府县志，一国之史也”，一朝之史乃天下之史，一国之史之下，还有一家之史，一人之史。他提出方志应“仿纪传正史之体而作志，仿律令典例之体而作掌故，仿文选文苑之体而作文徵”，三者缺一不可。

他认为不可“离事而言理”（《易教》），“道不可见，见者惟象”。《书教上》说：“取材难，则伪乱真矣。伪乱真而文胜质，史学不亡而亡矣。”称引孔子“我欲托之空言，不如见诸行事之深切著明也”的话，以为这是“史氏之宗旨”。

对古今关系，他有正确的认识：“不知当代，而言好古，不通掌故，而言经术。虽极精能，其无当于实用也，审矣。”他认为不可“舍今而求古”，不可“舍器而求道”，“舍人伦日用而求学问精微”。“夫三王不袭礼，五帝不沿乐。不知礼时为大，而动言好古，非真知古制者也。”实际上，这就是对当日学风的批评。

对学问，他的认识也是深的。他以为记诵是学问的舟车。人有所适，必借舟车，至其地，则舍舟车矣。一步不行的人，是可以不用舟车的，但他以为这和有所适而舍舟车的人是一样的，这是“似之而非”的。

他和同时一位大学者戴东原的关系，我以为很值得一提。《文史通义》卷八有一篇《记与戴东原论修志》，记他有一次在宁波和东原见面。东原是一位当时已享盛名的学者，但不懂史学。实斋说他“闻余言史事，辄盛气凌之”，对实斋的《和州志》倒不满意，说“甚古雅，但修志不贵古雅”。他认为修志只要把地理沿革弄清楚就行。“侈言文献”，不是急务。实斋认为沿革是应当弄清楚的，但弄不清楚，后人还可以根据已有的资料加以修正。但地方文献，假如不及时搜求，正确地加以去取、编次，一旦失掉了，就无法弥补。二者倘“势不两立，毋宁重文献而轻沿革”。戴东原听了，“他顾而语人曰：沿革苟误，是通部之书皆误矣”。实斋坚持沿革错了，后人可据古书加以修正，文献若不及时收集，一旦散失便无可补救，尤其是有关“兴举利弊，切于一方之实用者”，散失了更可惜。修方志要切于实用，不可只“示观美”。东原后来拂衣而去。此二人当时都在宁波宁绍台兵备道冯弼家里做客，冯先支持戴，后被章说服了。这件事既可以进一步说明学诚的史学思想在于古为今用，也说明一个真正的学者，是不害怕在权威面前申论自己的学术见解的。

诸子概论

一、百家争鸣的时代背景

春秋战国时期（约公元前8世纪至公元前3世纪，西汉建立为公元前206年），是我国思想解放的一个时代。旧的制度在破坏，旧的统治者在没落。清代史学家赵翼说这时候是“天地一大变局”。“王纲解纽”“礼崩乐坏”，都是对这个时代大变化的形容。宁戚是一个喂养牲口（饭牛）的人，在齐国做了大臣；“百里奚，五羊皮”，是一个用五张羊皮换来的奴隶，在秦国也做了大官。周平王东迁，得罪了郑国国君，郑国对周王就很不客气，武装强割了温这个地方的麦子；到了秋天，又割了成周这个地方的稻子。原来，文物图籍掌握在官府手里，知识是被贵族垄断的。这时，却出现了教师，把知识传播民间。孔子（前551—前479）就是第一个这样的教师，弟子三千，有成就的有七十二人。齐国当时是一个经济文化都很发达的国家，首都临淄有个地方叫稷下，孟子在这里讲过学，荀子也在这里讲过学。

在这大变动的时代，出现过一个士的阶层。《论语》中常常说到士："士志于道而耻恶衣恶食者，未足与议也。""士不可以不弘毅，任重而道远。"孔子是前6世纪至前5世纪的人，士的出现，当在此之前很久。这些士是新时代的鼓手。他们或出自旧的已趋没落的贵族，或出自庶民，都著书立说，议论当时的哲学、政治、经济、军事、文化、教育的大问题。司马迁把他们分为六家：阴阳、儒、墨、名、法、道德（《太史公自序》）。《汉书·艺文志》把他们分为儒家、道家、阴阳家、法家、名家、墨家、纵横家、杂家、农家、小说家十家，说这十家，"其可观者九家而已。皆起于王道既微，诸侯力政，时君世主，好恶殊方，是以九家之术蜂起并作，各引一端，崇其所善，以此驰说，取合诸侯"。从这里可以看出，这些家，都是私人讲学，各自立说，都是"一家之言"。六家或十家之中，最重要的是儒墨道法四家。春秋末战国初，儒墨二家是对立的，当时都是显学。后来法家在政治上得势，商鞅在秦，吴起在魏和楚，重耕战而富国强兵，适应了统一的要求。

诸子百家在这个思想解放的时代，对宇宙、人生，对天人、古今、名实、同异等许许多多的大问题，发表了极为精彩的见解。二千年前的议论，今天读来依然觉得虎虎有生气，如晨风，如朝日，如浩浩长江，如汪洋大海。和欧洲十八九世纪的一些著作一样，使人奋发，充满了对未来的向往。鲁迅曾叫人不要读中国书，要读外国书，说："看中国书时，总觉得沉静下去，与实人生离开。"读外国书让人奋发，"想做点事"。这是愤激之词，实际上，他读了不少中国书，他的议论，代表了那个时代先进的中国人的议论。

二、孔子和儒家

孔子名丘，字仲尼，鲁国陬邑人（今山东曲阜，其生平见《史记·孔子世家》）。祖先是贵族，到他幼年，已经没落了。他曾做过管理仓库和畜牧的小官，年五十，为鲁司寇。下了台，周游列国，向君主、贵族宣传自己的政治主张，但没有什么人赏识他、用他。死的时候七十三岁，约生于公元前551年，死于公元前479年。

他是第一个把当时的知识传播于民间的人。他有各种不同出身的学生，"有教无类"，相传总数达三千人，只要交一点学费，就允许入学。有成就的有七十余人。颜渊是他最得意的门生，也是最好学的。他自己在好学这一点上，也很自负，说：“十室之邑必有忠信如丘者焉，不如丘之好学也。”在这个时候，知识已经被人们看作力量，是认识世界、利用自然、改造社会的力量。孔子是个改革家，因此，他“学不厌，而教不倦”。他的学生称赞他，说：“学不厌，智也；教不倦，仁也。仁且智，夫子既圣矣。”

孔子以前，私人讲学的事是没有的。私人的著述也没有。孔子以前的知识，即所谓的六艺。孔子教人，以此为教材。他教人学诗，学礼，学易……《庄子·天下篇》说，《诗》以道志，《书》以道事，《礼》以道行，《乐》以道和，《易》以道阴阳，《春秋》以道名分。《诗》《书》《礼》《乐》《易》《春秋》，就是他用以教人的六种功课。后人说《春秋》是孔子作的，显然不可信。他的门生说他“述而不作，信而好古”，学生对教师当然是很了解的。但是不是可以说，孔子只是传授知识，没有自己的见解呢？也不能。孔子是个很有见解的教师，这些见解都包括在《论语》这部书中。对于天，对于鬼神，孔子就有自己的看法。孔子说：“天何言哉，四时行焉，百物生焉，天何言哉！”荀子说：惟圣人不求知天。孔子就是这样的一个不求知天的圣人。在那个时代，天不可知，就不去求知，不是很明智的吗？

对于鬼神，孔子主张“敬而远之”。他说，“未能事人，焉能事鬼”，又说：“未知生，焉知死？”对于“怪力乱神”，他都不说。这不也是很明智的吗？

人们以为“仁”是孔子的中心思想，或者说，是他的思想的核心。这无疑是很对的。冯友兰和郭沫若都说仁是“人的发现”。《论语》中说得很明白，仁者人也，以为不能“终食之间违仁，造次必于是，颠沛必于是”。礼乐在孔子看来是很重要的，但“人如不仁，如礼何！人如不仁，如乐何！”孔子有个学生叫樊迟，问老师：“仁是什么？”孔子说：“爱人。”又问：“知是什么？”孔子说：“知人。”仁且智，就是个最好的老师。没有比这两句话说得更明白的：“爱之能勿劳乎？忠焉能勿诲乎？”要做到仁，不仅要爱人，而且要推己及人。“己所不欲，勿施于人。”“己欲立而立人，己欲达而达人。”这就是《论语》中所说的忠恕之道。换一句话来说，也就是“仁者先难而后获”。孔子用很形象的譬喻，说“仁者乐山”，“知者乐水”。在孔子看来，仁与知是不可分的，他说：“未知，焉能仁？”在这里，孔子大概是最早提出这样一个问题的人，道德与文章的关系，品德与学问的关系，理想与知识的关系。他是说得非常明确的，知是仁的必要条件。对道德没有正确的认识，就不可能是自觉的。成仁取义，是我国古代认为最高的道德。历史上，成仁取义的人，都是非常自觉的，富贵不能淫，威武不能屈，贫贱不能移。宋末的文天祥，八百年来，为人所歌颂。孔子的门生，称赞他的老师说：“子绝四：毋意，毋必，毋固，毋我。”不要主观，不要武断，不要强加于人，不要有私心。意、必、固、我，是行仁的大敌。去此四者，目的就在为仁，就在立人达人。这是多么地充满了理智啊！他的弟子能这样认识老师，肯定是观察了千百次的结果。

冯友兰先生说孔子有似于希腊的“知者”（sophist），和苏格拉底在西方的历史地位相当。大家知道，知者有一句名言，即自知，知是被看得十分重要的。

孔子非常重视真性情，他说：“礼云礼云，玉帛云乎哉！乐云乐云，钟鼓云乎哉！”又说：“不得中行而与之，必也狂狷乎！狂者进取，狷者有所不为也！”子夏问他：“《诗》云：巧笑倩兮，美目盼兮，素以为绚兮。何谓也？”他说：“绘事后素。”子夏说：“礼后乎？”孔子说：你对我真有启发啊，这样，才可以说《诗》了。一位好看的女子，必先有巧笑、美目，才能施脂粉，打扮起来。人也必须先有真性情，才能行礼。所以，孔子又说：“礼，与其奢也宁俭；丧，与其易也宁戚。”因此，对于乡愿，孔子是深恶痛绝的，甚至破口大骂，说这样的人是“德之贼也”。仁，在孔子看来，是最高的品德；他以为“刚毅木讷近仁”，“巧言令色鲜仁”。他还说观过知仁。这都是重视真性情的表现。真性情是内容，礼乐是形式。“人而不仁如礼何？人而不仁如乐何？”孔子和他的学生的关系是很好的。颜渊是他的得意门生，病了，孔子去看他，“自牖执其手”，说：这真是命啊，这样好的人，却得了这个不治之症！子路很真率，孔子就常常夸他，说：“衣敝缊袍，与衣狐貉者立，而不耻者，其由也与！”“道不行，乘桴浮于海，从我者其由与！”他称赞曾皙，当曾皙表示向往暮春三月，“春服既成，冠者五六人，童子六七人，浴乎沂，风乎舞雩，咏而归”，达到这样一种学而乐的人生境界时，孔子喟然而叹曰：“吾与点（即皙）也。”

在政治上，人们都以为孔子是保守的。这个问题，我以为很值得研究。孔子的理想人物是周公，毫无疑问，周公是一个有过大功业的人。唐嘉弘同志最近有一篇《略论夏商周帝王的称号及国家政体》的文章，他认为殷周二代社会性质不同，分封制度是周人的创举。七十年前，王国维作《殷周制度论》，说：“中国政治与文化之变革，莫剧于殷周之际。”“殷周间之大变革，自其表言之，不过一姓一家之兴亡与都邑之转移。自其里言之，则旧制度废而新制度兴，旧文化废而新文化兴。”又曰：“周人制度之大异于商者，一曰立子立嫡之制，由是而生宗法及丧服之制，并由是而有封建子弟之制，君天子臣诸侯之制。二曰庙数之制。三曰同姓不婚之制。”范文澜以为西周开封建之端。我以为这些新旧之言，都值得我们再思。因为这牵涉到孔子到底是奴隶制的维护者，还是封建制下的改革者。这个改革者要求正名。子路对孔子说：卫国的国君等着你去治理国家，你从什么地方着手呢？孔子说：我首先要做的就是正名啊！正名，就是：君君，臣臣，父父，子子。君不像个君，臣不像个臣，一切乱哄哄的，就什么也说不上了。孔子还强调：“其身正，不令而行；其身不正，虽令不从。”“上好礼，则民莫敢不敬；上好义，则民莫敢不服；上好信，则民莫敢不用情。”作为一种政治思想看，这应当说是精华。

研究《论语》，主要的文本有何晏集解，邢昺疏，朱子集注，刘宝楠《论语正义》等。钱穆有《孔子弟子通考》（见《先秦诸子系年》卷一），有助于我们了解孔子以后儒林的师承与发展。

孔子创始的儒家，是春秋战国时的显学。《史记·儒林传》说：“自孔子卒后，七十子之徒，散游诸侯，大者为师傅卿相，小者友教士大夫，或隐而不见。故子路居卫，子张居陈，澹台子羽居楚，子夏居西河，子贡终于齐。如田子方，段干木，吴起，禽滑釐之属，皆受业于子夏之伦，为王者师。……威、宣之际，孟子荀卿之列，咸遵夫子之业而润色之，以学显于当世。”

孟轲、荀卿是孔子以后的儒学大师。《史记》有一篇《孟子荀卿列传》，记载这两位学者的生平。孟子大约生于公元前372年，卒于公元前289年。他是邹人。邹和鲁都在现在的山东，相去不远。战国时，人们便称儒家为“邹鲁之士，缙绅先生”。

孟子受业于子思。子思是孔子的孙子。学成，便游事齐宣王，宣王不能用他。后来到大梁，游事魏惠王，惠王以为他迂阔而远于事情，也不用他。那时，商鞅见用于秦，吴起见用于魏国和楚国。很多国家，都在变法图强。孟子却向往唐虞，说仁义，言必称尧舜。

孟子以继孔子为己志，他自己说过：“乃所愿，则学孔子也。”他把井田制度看作是理想的制度，他说：“请野九一而助，国中什一使自赋。卿以下必有圭田，圭田五十亩，余夫二十五亩。死徙无出乡，乡田同井。出入相友，守望相助，疾病相扶持，则百姓亲睦。方里而井，井九百亩，其中为公田。八家皆私百亩，同养公田。公事毕，然后敢治私事。”他还以为“养生丧死无憾”，是王道的开端。他描述的理想国，是五亩之宅，树之以桑，五十岁的人可以衣帛，养猪养鸡，不失其时，七十岁的人可以食肉。百亩之田，不违农时，耕耘收获，可以使一家人吃得饱。“谨庠序之教，申之以孝悌之义，颁白者不负戴于道路矣。”七十岁的人穿绸吃肉，一般老百姓不愁饥寒，理想的世界（王政）就可以看得到了。

孟子充满了对于王政的向往。对现实生活，他是鞭笞的，他痛恨那一批“率兽食人”的贵族。他的民贵君轻思想，是我国传统文化中的民主精华。他说：“民为贵，社稷次之，君为轻。”（社稷。北京有社稷坛，还有先农坛。稷是六谷之一，是谷中最好的。社稷即土谷之神，“有土斯有民”，在这里以喻国家。）他对齐宣王说：“君之视臣如手足，则臣视君为腹心。君之视臣如犬马，则臣视君如国人。君之视臣如草芥，则臣视君如寇仇。”孟子和孔子不一样，他喜欢论天，喜欢论性。在他心目中，有主宰之天、命运之天和义理之天。他强调人性都有善端，恻隐之心是仁之端，羞恶之心是义之端，辞让之心是礼之端，是非之心是智之端。人都有“不忍人之心”，不忍看到别人的困苦，不忍看到别人的悲哀，即我们现在所说的同情心。发扬这种同情心，就可以为善。他对齐宣王说，你好货，你好色，能“与百姓同”，就好了。他主张“与民同乐”，听说齐宣王欢喜音乐，他问道：“独乐乐，与人乐乐，孰乐？”宣王说：“不若与人。”又问：“与少乐乐，与众乐乐，孰乐？”说：“不若与众。”孟子就这种情况，对齐宣王大发议论，说：现在你作乐，老百姓听到钟鼓管籥之声，都很发愁地说，我们的国君这样喜欢音乐，为什么使我们过这样的生活啊——父子不相见，兄弟妻子离散！这没有别的原因，只是你不与民同乐。假如你能与民同乐，百姓听到钟鼓管籥之声，必欣欣然有喜色，相互祝贺国君的健康！周文王的园圃很大，七十里见方，老百姓还嫌小。齐宣王的园圃，才四十里见方，老百姓却嫌太大。孟子对这种现象，做了解释，说一个是与民同之，砍柴的，打草的，捉野鸡兔子的，都可以随便进去；一个是禁止老百姓进去，杀了一头麋鹿，如杀人之罪，简直像国中的一个大陷阱。这也和井田一样，是往古的历史在孟子心中的再现，是“天下为公”理想的一种追求。这无疑也是民主的精华。近代空想社会主义为科学社会主义所继承，这个民主的精华，当然也应该为我们所继承。

孟子法先王，复古，但不能因此就说他落后，反动。欧洲的文艺复兴，人们说是再生，也就是要复希腊罗马之古，重新发现人。

孟子说他知言，善养浩然之气。什么是浩然之气？孟子自己也说难言，但他仍做了描绘，说：“其为气也，至大至刚，以直养而无害，则塞于天地之间。其为气也，配义与道，无是，馁也；是集义所生者，非义袭而取之也，行有不慊于心，则馁矣。”这种浩然之气，也就是正气，成仁取义之气。有了这种气，则“万物皆备于我”，“天地与我为一”，也就是宋儒（理学家）所说的“人欲尽净，天理流行”的一个境界。人达到这种境界，就至大至刚，富贵贫贱威武都不能动其心。当然，这是极端唯心的，是幻想。

《孟子》一书，有东汉赵岐注，宋孙奭疏，宋朱熹《四书集注》，清焦循（理堂）《孟子正义》等重要注本。

晚于孟子近六十年，儒家的大师荀卿，生于赵国。他名况，曾经在当时的学术文化中心齐国的稷下讲过学，“最为老师”，担任过齐国祭酒（学校校长），后来去楚国，做过地方官兰陵令。晚年在兰陵著书，著名的法家人物李斯和韩非，都是他的学生。他的著作是西汉时刘向编的，称为荀卿新书。其中，主要是荀卿写的，但也有他的学生记载他言行的作品。

荀子不仅是儒家的大师，还是先秦哲学的总结性人物。在《天论》中，荀子提出了唯物主义的自然观。他说：“天行有常，不为尧存，不为桀亡。”治乱和天没有关系，把天和人截然分离，以为“明天人之分”者，才可以说得上是至人。他大呼：“大天而思之，孰与物畜而制之！从天而颂之，孰与制天命而用之！”这就简直近乎战斗的、改天换地的无所畏惧的唯物论了！他在《非相篇》中，提出破除迷信；在《解蔽篇》中，提出人有十蔽，“欲为蔽，恶为蔽，始为蔽，终为蔽，远为蔽，近为蔽，博为蔽，浅为蔽，古为蔽，今为蔽”，说：“墨子蔽于用而不知文，……庄子蔽于天而不知人。”都是由于知“道”之一隅，而道是“体常而尽变”的，只知其一隅就不能得其全貌，只有孔子是“仁知且不蔽”。他就这样提出了自己的方法论。《劝学篇》《修身篇》提出了今天还值得我们重视的教育理论，他说“学不可以已。青，取之于蓝，而青于蓝”；“不积跬步，无以至千里，不积小流，无以成江海”。《修身篇》说：“故非我而当者，吾师也；是我而当者，吾友也；谄谀我者，吾贼也。”这都是“放之四海而皆准”的。在《礼论》《乐论》中，他给儒家所说的礼乐以理论根据：由于人不能不乐，乐则必有表现，声音动静，是变化无穷的，因而，“穷本极变，乐之情也；著诚去伪，礼之经也”。这种说法是很有新意的。

冯友兰先生说荀子带有儒家总集的性质，夏曾佑说二千年的儒学是荀学，从历史上看，是很有道理的。

《荀子》一书，唐杨倞为之注，清王先谦作集解，收集了二千年来学者关于这部书的研究成果。梁启雄撰《荀子简释》，极便初学，有古籍出版社的本子（1956）。

三、墨子和墨家

墨子名翟，《史记》说他是“宋之大夫，善守御，为节用。或曰并孔子时，或曰在其后”，说得很简略，知道得也不很清楚。司马迁作《史记》时，已经是儒家的天下了。二千年来，墨子在中国是很寂寞的。清末，孙诒让对他做了比较彻底的研究，著了一部书，叫作《墨子间诂》。考订他生于公元前468年，死于公元前376年。（钱穆《先秦诸子系年考辨》卷二墨子生卒考，以为墨翟年寿逾八十，生于前479年，卒于前381年。）不是宋人而是鲁人，孔子死而他始生。鲁国是儒家的大本营，墨子的老师叫史角，是周的史官，对周礼是很熟的。当然，他无疑也受儒家的影响，墨子的节用、兼爱和孔子的节用而爱人的继承关系是很明显的。孟子说：“老吾老，以及人之老；幼吾幼，以及人之幼，天下可运于掌。”和墨子的兼爱不是也很相近吗！他出于儒而非儒。《淮南子·要略训》说他“学儒者之业，受孔子之术，以为其礼烦扰而不说，厚葬靡财而贫民，久服伤生而害事，故背周道而用夏政”。夏禹是墨者的楷模。

儒墨二家，当时称为显学。从墨子一生来看，他当然也是属于士这个阶层的，他自己的行事虽然和当时大夫君子相反，被人称为“贱人之所为”（《贵义篇》），但他和当时的国君来往是个事实，他绝不是个“贱人”。说他专为“贱人”说话，不一定可信。

《兼爱篇》中，他分析乱之所自起，“起不相爱”。他以为“天下兼相爱”，“交相利”就好了。他以为：“仁人之事者，必务求兴天下之利，除天下之害。”

儒家以为爱是有“等差”的，他却主张“爱人若爱其身”，“为彼，犹为己也”。“视人之国若视其国，视人之家若视其家，视人之身若视其身。”“天下之人皆相爱，强不执弱，众不劫寡，富不侮贫，贵不敖贱，诈不欺愚。凡天下祸篡怨恨，可使毋起者，以相爱生也。”

兼相爱，交相利，是墨子的理想国。在这个理想国中，人人平等。当然，这是幻想。这种幻想，不仅墨子有，儒家也有。“大道之行，天下为公，故人不独亲其亲，子其子”，当然也是幻想。

《汉书·艺文志》著录《墨子》七十一篇，今存五十三篇。这是墨家的总集，并非一人所作。其中有没有墨子的作品，不能断定。这些作品，从其内容来看，时代不同，作者亦不同。

孙诒让云：“《鲁问篇》墨子之语魏越云云，‘国家昏乱则语之尚贤尚同，国家贫则语之节用节葬，国家湛湎则语之非乐非命，国家淫僻无礼则语之尊天事鬼，国家务夺侵凌则语之兼爱非攻’。今书虽残缺，然自《尚贤》至《非命》，三十篇所论略备，足以尽其旨要矣。《经说》上下篇，与庄周书所述惠施之论及公孙龙书相出入，似原出墨子而诸钜子以其说缀益之。《备城门》以下十余篇，则又禽滑釐所受兵家之遗法，于墨学为别传。惟《修身》《亲士》诸篇，谊正而文靡，校之他篇殊不类，《当染篇》又颇涉晚周之事，非墨子所得闻，疑皆后人以儒言缘饰之，非其本书也。”

冯友兰先生在《中国哲学史史料学初稿》中把墨子这部书分为五组。第一组包括《亲士》《修身》《所染》等七篇，即孙诒让所说的“后人以儒言缘饰”之作，对墨子的思想，做了一般的叙述。第二组廿四篇，包括《尚贤》《尚同》《兼爱》《非攻》《节用》《节葬》《天志》《明鬼》《非乐》《非命》《非儒》等。每一个题目分上、中、下三篇，只《非儒》仅分上、下，现在有一些散佚了，如《节用》缺下篇，《节葬》缺上、中篇。《明鬼》只剩有下篇，《非乐》仅存上篇。这些文章都以“子墨子曰”开头，子墨子是墨子弟子对于墨子的尊称，因此，这些文章，可能都是墨子的讲辞，为他的弟子所记载下来的。《庄子》讲墨子死后，墨家分为三派，相里氏之墨，相夫氏之墨，邓陵氏之墨。一个题目三篇，可能就是三派的记录。（见《墨子间诂》俞樾序）第三组包括《经上》《经下》《经说上》《经说下》《大取》《小取》共六篇。这就是《晋书》卷九十四《鲁胜传》所说的“墨辩”。这六篇谈的是关于认识论和逻辑的问题，即鲁胜“墨辩叙”中所说的刑名和自然科学的问题。这些问题，当墨子活动的时候，还没有提出来，当然是后期墨家的作品。第四组包括《耕柱》《贵义》《公孟》《鲁问》《公输》五篇，好像儒家的《论语》。是墨子弟子记墨子的言行的。研究墨子的生平，这是很好的资料。第五组共十一篇，有《备城门》《备高临》《备梯》《备水》，以至《旗帜》《号令》《杂守》，讲的是如何防御和守城的工具。这实在是兵家书，即孙诒让所说的“禽滑釐所受兵家遗法，于墨学为别传”者。

秦汉以后，研究墨学的只有晋的鲁胜和宋的乐台，此二书均佚。《道藏》中保存了《墨子》较早的本子。清末，瑞安孙诒让治《墨子》最精，其所著书，曰《墨子间诂》。黄绍箕说：“所谓间者，即指音声之讹误，先后之差舛，篆隶之殊失而言。弥缝其间，犹云弥缝其阙也。”吴毓江的《墨子校注》，见到孙诒让所没有见到的本子，对孙书做了一些补充和改正。

四、道家和老庄

道家，即司马谈论六家要旨中的道德家。班固以为：“道家者流，盖出于史官，历记成败存亡祸福古今之道，然后知秉要执本，清虚以自守，卑弱以自持，此君人南面之术也。”当时列入道家的著作有三十七种，九百九十三篇。其流传至今者，只有《老子》、《庄子》和《列子》。《列子》还不是汉人所见之旧，掺杂了魏晋人的著作。

《孟子》书中，以儒家的大敌为杨、墨，他说：“天下之言，不归杨，则归墨。”杨就是杨朱，是一位“为我”且“拔一毛利天下不为”的人物。诸子中《韩非子》《淮南子》《吕氏春秋》都提到他，称之为阳生，杨、阳古多通用，说他轻物重生，“义不入危城，不处军旅，不以天下大利，易其胫一毛”（韩非《显学篇》）。《列子》书中《杨朱篇》，以极端纵欲为理想生活，这其实是魏晋人的思想，和杨朱无关。孟子批判杨朱“无君”，看来，他大概是隐者一流人物，或者和曾对孔子大大地加以讽刺的晨门、接舆一样，是所谓独善其身的人物，这种人在当时影响很大，其言“盈天下”。但杨朱的著作没有流传。他的名声，也被老子和庄子掩盖了。老庄书中，贵己、重生之论是随时可见的。

老子即老聃，姓李名耳，字伯阳，楚国苦县人。《史记·老庄申韩列传》是讲得十分明确的。《史记》说老子学说以“自隐无名为务”，老子曾经当过周王朝“守藏室之史”，相当于现在的图书馆馆长。在司马迁那个时候，关于这个曾为孔丘之师的人物，已不甚了了。李耳很难肯定就是老聃。李耳是老学首领，老聃则为传说中人物。《老子》一书，肯定是战国时的著作，崔东壁、汪中均论之甚详。其中，有不少议论是针对儒、墨两家的。所谓“君人南面之术”，当即《老子》一书的主旨。郭沫若《青铜时代》以为《老子》为环渊所作，不可信，冯友兰论之甚详。《古史辨》第四册，关于老子这个人物的意见，有论文多篇。

老子对传统的社会政治制度是持否定态度的。胡适说他是那个时代最大的批评者，并且他的批评总是带有破坏性和反权威性的。“大道废，有仁义；智慧出，有大伪；六亲不和，有孝慈；国家昏乱，有忠臣。”这样的议论不是有着很强的爆破力吗？《老子》说：“礼者，忠信之薄而乱之首也。”又说：“法令滋章，盗贼多有。”又说：“不尚贤，使民不争。”他主张绝圣弃智，绝仁弃义；他憧憬“小国寡民”，“有什器而不用，有舟车而不乘，有甲兵而不陈”。

国家应该小得“邻国相望，鸡犬之声相闻，民至老死不相往来”。在这样的国家中，人人都“甘其食，美其服，安其居，乐其俗”。他的思想充满了对现实的不满、对原始生活的向往。

但在《老子》思想中，有很高的辩证法。“大巧若拙，大辩若讷”；“生而不有，为而不恃，功成而弗居”。他说：“天下皆知美之为美，斯恶矣；皆知善之为善，斯不善矣。”在肯定的认识中包含着否定。他认为难易、曲直、高下、善恶、荣辱这些矛盾，都是互相联系、互相转化的。所以他说：“祸兮，福之所倚；福兮，祸之所伏。”“日方中方睨，物方生方死。”柔弱可以胜刚强。事物变化到了一定程度，必一变而为它的反面。故他说：“反者道之动。”物极必反，是一个普遍的规律。所以他认为“圣人去甚，去奢，去泰”。

“俗人昭昭，我独若昏”，实际上是深明“物极必反”的道理，因而“知其雄”而“守其雌”，以“无为而治”为标的；主张“国之利器不可以假人”，成为君人南面之术。老子还说：“古之善为道者，非以明民，将以愚之”，主张“常使民无知无欲”。这就成为古代愚民政策的理论根据，在实际政治中，也就起了反动的作用。

《老子》这部书，“文约义丰”。韩非子有《解老》《喻老》，可以说是最早的注。王弼《老子注》，影响极大。王弼之前，有河上公《老子章句》，河上公是东汉时人。近人高亨作《老子正诂》，颇便初学。任继愈还有《老子》的今译，名《老子新译》。1973年，长沙马王堆三号汉墓中发掘出帛书《老子》甲乙本，是最古的本子，和所有流传诸本均不同，《德经》在前，《道经》在后。《新编诸子集成》中的《老子校释》，是北大教授朱谦之著的，可说是集大成之作。

《史记·老庄申韩列传》说庄子是蒙人，蒙是宋国的地方，已经接近楚国了。他名周，曾经做过漆园吏。漆园也是宋地。他和齐宣王、梁惠王同时。“学无所不窥，然其要本归于老子之言。”他的著作有十余万言，大抵都是寓言，充满了幻想。文章写得极好，汪洋恣肆。贵族们（王公大人）都很器重他。楚威王派人带了厚礼，想请他“为相”：庄周非常风趣地对使者说：你带来的礼物是很重的，卿相的位子也很高。你难道不知道祭祀时用的牺牛吗？喂养了好几年，然后披上美丽的“文绣”，牵到太庙中去做祭品：这时候，它想做一头“孤豚”，就不可能了。你还是回去吧，不要污辱我。

马叙伦先生据《史记》，认为庄子大约生于公元前369年，死于公元前286年。依《庄子·外物》及《列御寇》所云，他的家境大概也不好，要向别人借粮食，还要靠编草鞋养活自己。

《庄子》这部书，冯友兰先生说是先秦道家的一个总集，是很有道理的。通读这部书，就完全可以知道这不是一个人的手笔，文笔的差别很大，思想深度也很不一致，有的浅，有的深，绝不可能出于一人之手。《汉书·艺文志》著录《庄子》五十二篇。在汉朝，庄子影响不大，人们常说黄老。《汉书·陈平传》，说平“治黄帝老子之术”，有个叫盖公的，为齐相，称为贤相，也是个“善治黄老言”的人。汲黯是西汉著名人物，他治民务在无为，引大体，不拘文法，也是“学黄老言”的。到了魏晋，才老庄并称，相沿以至今日。魏晋玄学兴起，推崇老庄，是以反两汉经学为主旨的。

现存的《庄子》是晋郭象的注本，向秀也注过《庄子》，向死其注尚存，郭象是参考了他的著作的。《庄子》一书共三十三篇，内篇七，外篇十五，杂篇十一。就其性质来说，可分为五类，第一类讲全生，即保全自己，免受危害，如《养生主》《人间世》等。第二类主要是对旧世界的批判，反对礼，如《马蹄》《骈拇》《胠箧》《在宥》。第三类讲养生和修炼，如《刻意》《缮性》《达生》之类，和宋钘、尹文的思想极相近。第四类是讲自然观的，如《天地》《天道》《庚桑楚》等。第五类主要讲相对主义，如《逍遥游》、《齐物论》和《秋水篇》，这是庄子的著作，和《天下篇》中所说的庄周思想精神相合，即所谓“独与天地精神往来而不敖倪于万物，不谴是非，以与世俗处”也。

庄子不仅是先秦最大的哲学家，而且是诗人，是文学家。这是庄子有别于其他思想家、哲学家的特点。对于旧世界，他和老子一样，是采取批判态度的。老子主张“绝圣弃智”，他还进一步以为“圣人不死，大盗不止”。对旧的统治者，他还充满了愤激之情，以为：“彼窃钩者诛，窃国者为诸侯。诸侯之门而仁义存焉！”（《胠箧》篇）这很明显是庄子的政治态度。他以为：“牛马四足，是谓天；落（即络）马首，穿牛鼻，是谓人。”他反对以人为变天然，即“以人灭天”，“以故灭命”。在《至乐篇》中，他说了一个故事：有一只海鸟，飞到鲁国。鲁国国君把它请入太庙，大办酒筵，奏《九韶》以为乐。这只海鸟什么也不敢吃，表现得很悲哀，过了三天，死了。庄子说这就是以养己之道养鸟，而养鸟是要放之于深林，让它自由自在的。好的音乐，人欢喜，禽兽并不欢喜。鱼处水而生，人处水则死。在他心目中，天即自然，也就是道，道的作用也是自然的：“道兼于天。”

庄子把道看作是最高的原理，以为：“万物一齐，孰短孰长？道无终始，物有死生。”在庄子看来，道是“无所不在”的。《知北游》说：“东郭子问于庄子曰：‘所谓道，恶乎在？’庄子曰：‘无所不在。’”他还否定造物主，或真宰，他以为宇宙是无限的，内容是十分丰富的。《秋水篇》说：“夫物，量无穷，时无止，分无常，终始无故。”物之形体，时时都在变化，没有一成不变的物。《秋水篇》说：“物之生也，若骤若弛。无动而不变，无时而不移。”《知北游》说：“人生天地之间，若白驹过隙，忽然而已。”这就是所谓一虚一满，方生方死。运动的变化是绝对的，无条件的。但是，庄子把这种绝对变化，强调到了绝对的程度。因此，他便得出“天地与我并生，万物与我为一”的结论。他说：“莛与楹，厉与西施，恢诡谲怪，道通于一。其分也成也，其成也毁也。凡物无成九毁，复通于一。”莛是小木料，楹是大梁；厉是病丑之人，西施是美女；恢诡谲怪，恢是宽大，诡是奇变，谲是狡诈，怪是妖异。大小美丑，各色各样的稀奇古怪，都是一样的，没有分别的。事物的生成与毁灭，也是没有差别的。这就和事实相背，物的规定性也就被取消了。

庄子所处的时代，是百家争鸣的时代。而庄子在这种相对主义思想的指导下，对于百家便不可避免地以为：“彼亦一是非，此亦一是非。”在他看来，是非是不能辨明的。但是，他的是非生于“成心”的看法，却包含着要克服主观、片面的思想。人们有了成心，就像井底之蛙不可能知道海之大，夏日的昆虫不可能知道冰之寒。（《秋水篇》云：“井蛙不可以语于海者，拘于虚也；夏虫不可以语于冰者，笃于时也；曲士不可以语于道者，束于教也。”）

庄子在《天下篇》中，以为“治方术”的人，虽然他们都认为“其有（即所学）为不可加”，但都只不过是“时有所用”的“一曲之士”。他对墨翟、禽滑釐、宋钘、尹文、彭蒙、田骈、慎到、关尹、老聃、庄周、惠施都有所议论。如对惠施，说：“能胜人之口，不能服人之心。”对墨翟，说：“乱之上也，治之下也。”但对他所批评的人，也都做了肯定。例如，说：“墨子真天下之好”，称之为“才士”。《天下篇》肯定关尹、老聃是“博大真人”，说其学是“以本为精，以物为粗，以有积为不足，澹然独与神明居”。说他自己是：“芴漠无形，变化无常，死与生与，天地并与，神明往与，芒乎何之，忽乎何适！”也就是他自己所说的至人。至人是无入而不自得的，哀乐俱不能入的。

《庄子》一书自晋郭象以来，注者甚多。郭象的《庄子注》，不着重解释文字，实为庄子思想的一个发展。唐陆德明著《经典释文》，内有《庄子音义》三卷（二十六—二十八）。清郭庆藩辑旧注，其中包括了上面两种书和成玄英的疏（玄英亦唐人），和清人对庄子文字上的研究成果，最为有用，现收入《新编诸子集成》中。

五、法家之学与韩非

《汉书·艺文志》说：“法家者流，盖出于理官，信赏必罚，以辅礼制。”所列十家，二百一十七篇。其中《李子》三十二篇，今不传。《李子》是李悝（亦即李克）作的，他为魏文侯相，富国强兵。这就是《史记·孟荀列传》和《汉书·食货志》所说的李悝为魏文侯作“尽地力之教”，以为“籴甚贵伤民，甚贱伤农”，“善为国者，使民毋伤而农益劝”，创为平籴之法，在魏国实行。《晋书·刑法志》说“悝撰次诸国法，著《法经》”。《法经》即三十二篇之一部分（清孙星衍说）。

《申子》六篇，现亦不存。申是申不害，为韩昭侯相，当他活着的时候，国治兵强，韩国没有受到侵犯。他是“主刑名”的。韩非书中屡有论申不害之语，大抵以为他“言术”，“要其归在于用术以御下”。这是和商鞅不同的。

《慎子》四十二篇。“慎”是慎到，赵人，也在稷下讲过学。先秦书中，说到慎到的很多。荀子说他“蔽于法而不知贤”，“有见于后无见于先”。他生年略后于孟子，《汉志》师古注，以为他先于申不害是不对的。韩非说，在他以前的法家，分为三派，商君重法，申不害重术，慎到重势。慎子书多散佚。唐魏徵所辑《群书治要》，有《慎子》七篇，这大概就是《隋书·经籍志》中所说滕辅的注本。

春秋战国之时，法家思想和儒家是对立的。子产铸刑书，为晋国的叔向所反对，说："民知争端矣，将弃礼而征于书，锥刀之末，将尽争之。"并举夏商周为例，说这些王朝都是因为有乱政才作刑书的（《左传》昭公六年）。后来晋铸刑鼎，孔子也发了一通议论，说："晋其亡乎，失其度矣。"在孔子看来，晋国自唐叔以来所建立的制度，被抛弃了，人民将一律按照铸于刑鼎上的话行事，贵贱之分就要消失了。《商君书·开塞篇》说："上世亲亲而爱私，中世上贤而说仁，下世贵贵而尊官。"上世指的春秋初期，其后就尊重贤人，孔子主张举贤才，墨子也是这样，以为贤人在位，就会以仁来化民的。下世指的就是战国，就要尊君，就要重视官吏。因之，这篇文章提出不必以古为法，也不必拘于当世的一切。"圣人不法古，不修今。法古则后于时，修今则塞于势。"当今之世，"万乘莫不战，千乘莫不守"，"故王者以赏禁，以刑劝，求过不求善，借刑以去刑"。用赏赐来禁止人们做坏事，用刑罚来鼓励人们做好事。凭借刑法来消除刑罚，和儒家思想是不同的。到了韩非，就公然声称"侠以武犯禁，儒以文乱法"了。

《商君书》二十九篇，今大体尚存。商君就是商鞅，他相秦孝公，坏井田，开阡陌，对农业十分重视，《史记·商君列传》记载他的言行，相当详尽。他在秦国变法，以为“三代不同礼而王，五伯不同法而霸”；“治世不一道，便国不法古”；令民为什伍，奖励耕战，对于那“事末利及怠而贫者”，加以处罚，以至没收这种人的妻子为奴婢。

商鞅是先秦极著名的法家，他重耕战。凡不力耕、不力战的人都要受到处罚，被重刑。在《农战篇》说：“国待农战而安，主待农战而尊。”孔子主张“足食足兵”，法家重农战是这一思想的发展。《算地篇》说：“利出于地，则民尽力。名出于战，则民致死。入使民尽力，则草不荒；出使民致死，则胜敌。”

要做到人人尽力，人人致死，统治者就必须任法而不能任私。法平，天下之人就没有不尽力以致死的了。国君绝对不可以“废法度而好私议”（《修权篇》）。是故“圣王者不贵义而贵法，法必明，令必行”，民勇于公战，“富贵之门必出于兵”，“民之见战也，如饿狼之见肉”。在《君臣篇》中，商君就以为一个明察的国君，必使一切都合于法度，不合法度的话他不听从，不合法度的行为他不推崇，不合法度的事他不去办。

《商君书》不是商鞅一人所作，前人做了许多考证。综合诸说，此书绝非一人、一时之作。其中，有的和《韩非子》重复，可以肯定出自商君之手的有《垦令》《靳令》等，《靳令》是商君著而误编入《韩非子》中的，高亨已经说得很使人信服了。

清人校此书者甚多，我曾读过的有《诸子平议》（俞樾）、《香草续校书》（于鬯）、《读诸子札记》（陶鸿庆）。近人朱师辙作《商君书解诂》，高亨作《商君书注释》，对清代校勘成绩多所吸收，是较好的本子。

韩非是集法家思想大成的人物。《史记·老庄申韩列传》说他是韩国的“诸公子”，“喜刑名法术之学，而归本于黄老”。他口吃，不善言谈，而“善著书”。和李斯同学，拜荀卿为师。他学得很好，李斯自认为比不上他。韩非曾屡次向韩王进言，韩不能用，便“观往者得失之变”，也就是说总结历史经验，作《孤愤》、《五蠹》、内外《储说》、《说林》、《说难》十余万言。那时李斯已经在秦国。秦始皇读了韩非的文章，非常佩服，说能得与“此人游”，虽死无恨。后来韩非至秦，却被谗而死，活了四十八岁（前280—前233），李斯、姚贾都参与谋害他。

《汉书·艺文志》著录《韩子》五十五篇，《隋书·经籍志》著录《韩非子》二十卷。这部书的面貌，今存者大约和汉时是一样的。

韩非以为势、术、法三者都是“帝王之具”，不可偏废。《八经篇》云：“凡治天下，必因人情。人情者有好恶，故赏罚可用，赏罚可用则禁令可立，而治道具矣。君执柄以处势，故令行禁止。柄者，杀生之制也；势者，胜众之资也。……故明主之行制也天，其用人也鬼。天则不非，鬼则不困，势行教严，逆而不违。毁誉一行而不议。故赏贤伐暴，举善之至者也，赏暴罚贤，举恶之至者也。是谓赏同罚异。赏莫如厚，使民利之。誉莫如美，使民荣之。诛莫如重，使民畏之。毁莫如恶，使民耻之。然后一行其法。”冯友兰先生说：“明主之行制也天，言其依法而行，公而无私也；其用人也鬼，言其御人有术，密而不可测也。以赏罚之威，一行其法。势术法并用，则国无不治矣。”

韩非以为“循天顺人”“明赏罚”是用人的要诀。循天顺人，就是公正无私；明赏罚就能弃恶扬善。赏罚明就必须任法术而戒心治。他把法譬为规矩、尺寸，说工匠脱离了规矩尺寸，什么事也做不成。尧放掉法术，也不能“正一国”（《用人篇》），他认为：“法者，编著之图籍，设之于官府，而布之于百姓者也。”又说：“法莫如显。”要使大家都知道，法一成立，便须公布。人人要遵守，明主也要一切按法办。术和法是不同的："术者，藏之于胸中，以偶众端而潜御群臣者也。"因此，"术不欲见"。用术，即使是最亲近的人也不让知道（《难三》）。

因此，他反对儒家，说："儒以文乱法。"以为这些人"称先王之道，以（当衍）籍（借也）仁义、盛容服而饰辩说，以疑当世之法，而贰人主之心"（《五蠹》）。在这一篇中，韩非强调世异事异，继承前辈法家的历史进化观点，以为："上古之世，人民少而禽兽众，人民不胜禽兽虫蛇；有圣人作，构木为巢以避群害，而民悦之，使王天下，号之曰有巢氏。民食果蓏蚌蛤，腥臊恶臭而伤害腹胃，民多疾病；有圣人作，钻燧取火，以化腥臊，而民悦之，使王天下，号之曰燧人氏。中古之世，天下大水，而鲧禹决渎。近古之世，桀纣暴乱，而汤武征伐。今有构木钻燧于夏后氏之世者，必为鲧禹笑矣；有决渎于殷周之世者，必为汤武笑矣。然则今有美尧舜汤武禹之道于当今之世者，必为新圣笑矣。"把社会看作一成不变的思想，在韩非看来是错误的。他以为"圣人不期修古，不法常可，论世之事，因为之备"。说"以先王之政，治当世之民"是和愚蠢的宋人守株待兔一样可笑的。

《五蠹篇》中，韩非不仅批评了儒家，还批评了墨家，说“侠以武犯禁”。他的结论是：“明主之道，一法而不求智，固术而不慕信。”“明主之国，无书简之文，以法为教；无先王之语，以吏为师；无私剑之捍，以斩首为勇。是以境内之民，其言谈者必轨于法，动作者归之于功，为勇者尽之于军。”纵横家因此也受到抨击。

《有度篇》中，韩非说：“国无常强无常弱，奉法者强则国强，奉法者弱则国弱。”奉法，意即不曲法从私。这一篇还说：“能去私曲就公法者，则民安而国治；能去私行行公法者，则兵强而敌弱。”他主张以法治国，认为“法不阿贵”，“法之所加，智者弗能辞，勇者弗敢争。刑过不避大臣，赏善不遗匹夫”。

他主张以刑德御臣下，刑德被称为二柄。刑是杀戮，德是庆赏。人臣以诛罚为畏，以庆赏为利。刑德之权，不可使行之于臣下，行之于臣下，“则君反制于臣矣”。在行刑德之权时，要“功当其事，事当其言，则赏。功不当其事，事不当其言，则罚”。言大功小的，也要罚；这并不是因为他没有功，而是因为功不当名。言小功大的，也要罚；并不是因为“不说于大功”，而是因为功不当名之害比没有大功的害还要大。他主张君主“去好去恶”，即没有好恶之心，以为这样才能无所蔽。但人是不能无好恶的。好所当好，恶所当恶。困难的是不容易察知其为好为恶耳。人们说，“君无好恶，臣下便无从作伪”，其“诚素自见”，这是做不到的。

《八奸篇》言术甚精，说人臣之能为奸者有八。一是买动君主的宠姬，为他在君主面前说话，叫同床；二是买动近习，叫在旁；三是买动君主的爱子、大臣，叫父兄；四是满足人主对于宫室台池的要求，叫养殃；五是施小惠于百姓，在群众中建立威信，叫作民萌；六是利用辩士，进言于君主，叫作流行；七是养侠客，使群臣百姓听于已而不听于君，叫作威强；八是利用外国势力，使君主听命，叫作四方。然后一一列举防奸之道。例如防止民萌，则必使“利于民者必出于君，不使人臣私其德”；防止流行，必使“称誉者所喜，毁疵者所恶，必实其能，察其过，不使群臣相与语”。

荀卿是他的老师，他在天道观、性恶论这些方面都是继承老师的。其论名实，也是如此。韩非书中的《解老》《喻老》是很重要的哲学论文。在政治上，他也和老子一样，主张无为而治。《扬权篇》云：“故去甚去泰，身乃无害。权不欲见，素无为也。事在四方，要在中央，圣人执要，四方来效，虚而待之，彼自以（用也）之。……夫物者有所宜，材者有所施。各处其宜，故上下无为。”

清王先慎撰《韩非子集解》，收集清代学者对此书考订和训诂方面的成果，最为详备。近人陈奇猷，有《韩非子集释》，所收集的有关考订和训诂方面的材料更多，上海古籍出版社出版。梁启雄撰《韩子浅释》，对初学是很方便的。

六、儒墨道法以外的诸家

儒墨道法之外，春秋战国之学，还有阴阳、纵横、名家、农家和杂家。

《汉书·艺文志》说阴阳家出于羲和之官，“敬顺昊天，历象日月星辰，敬授民时”，是其所长；其缺点则为“舍人事而任鬼神”。战国末期，齐国的邹衍（驺衍）是这一派的领袖。《史记·孟子荀卿列传》记其事，说衍创为大九州之说，以为中国不过只是这个大世界的八十一分之一，在这九州之中，叫作赤县神州。九州之外，环以大海。齐人叫他作“谈天衍”。

邹衍还创为“终始五德”之说。此说以五行为五种自然的势力，每种势力都有盛衰。当其盛时，天道人事均为其所支配。及其已衰，当有胜而克之者。木胜土，金胜木，火胜金，水胜火，土胜水。循环往复，没有停止。每一朝代，都代表一“德”，虞为土德，夏为木德，殷为金德，周为火德。每一朝代的服色，都须与此相应。这是一种神秘的历史观，汉人受此影响（以上均依冯友兰先生说）。

邹衍是齐人，齐地滨海，其人较多新异见闻。孟子、庄子均以齐人为悠眇之言、荒诞之说。孟称“齐东野人之语”，庄说“齐谐志怪”，都以为地理是影响到人们思想的因素。

纵横家出于行人之官，《汉志》有十二家，苏秦、张仪为之首。秦国强盛，首先受到威胁的是三晋。《史记》有《苏秦列传》《张仪列传》，述此二人之思想活动甚详。苏秦游说合纵，最后，“六国纵合而并力”，“秦为纵约长，并相六国”。司马迁以为“其术长于权变”，“苏秦起自闾巷，连六国纵亲，此其智有过人者”。

张仪是连横的主张者，游说六国使事秦。他早年游楚，楚相亡璧，怀疑是他偷的，被抓住狠狠地打了一顿。他妻子劝他再也不要干游说的行当，免得再被人侮辱。张仪问妻子：“我的舌头还在吗？”他妻子笑了，说：“还在。”张仪说：“在，就行。”

苏秦、张仪的老师都是鬼谷子。

名家出于礼官，《汉志》说：“古者名位不同，亦异礼数。”孔子主张正名，名家在这方面可以说是专家。《战国策》引苏秦的话说：“夫形名之家，皆曰白马非马也。”名家著作，现在流传的有《邓析子》、《尹文子》和《公孙龙子》，只《公孙龙子》不是伪书。

名家是汉人的称呼，战国时叫“刑名之家”，或谓之辩者。庄子《天下篇》引了不少辩者的言论，还说“惠施多方，其书五车”。荀子《解蔽篇》《非十二子篇》也说到惠施，以为“惠子蔽于辞而不知实”，用现代的语言说出来，就是说：惠施看到了一般，没有看到（具体的）个别。

惠施和公孙龙是名家的代表人物。

惠施（约前370—前310），战国时宋人，当过梁惠王的相，是一位有名的政治家，和庄子是好朋友，二人经常讨论思想、学术方面的问题。公孙龙（约前325—前250），战国时赵人，曾做平原君的门客，主张偃兵、兼爱，和墨家相同。

《天下篇》所述惠施学说，有十事。第一事说：“至大无外，谓之大一；至小无内，谓之小一。”大一，指的是无限的宇宙；小一，则相当于几何学上的点。宇宙是无限的。大一、小一是和几何学相联系的。

其第二事为：“无厚不可积也，其大千里。”冯友兰先生说：“无厚者，薄之至也。薄之至极，至于无厚，如几何学上所谓‘面’。无厚者不可有体积。然可有面积，故可其大千里也。”

公孙龙最著名的学说就是“白马非马”，即“白马论”。关于“白马非马”，公孙龙的论证为：“马者所以命形也，白者所以命色。命色者非所以命形也，故曰：白马非马。”马是一般，白马是个别，公孙龙指出了个别和一般相互排斥的一面，但他却把它夸大了。列宁说：“任何个别都是一般。任何一般都是个别的（一部分，或一方面，或本质）。任何一般只是大致地包括个别事物。任何个别都不能完全包括在一般之中。”

《公孙龙子》有北宋谢希深的注。陈柱集清人研究之大成，作《公孙龙子集解》。近人谭戒甫作《公孙龙子形名发微》，其第七篇《流派》对《公孙龙子》这部书的源流考证甚详。

杂家出于议官，《汉志》说它“兼儒墨，合名法”。《吕氏春秋》是一部代表之作，后来的《淮南子》也是如此。《史记》卷八五《吕不韦列传》说：“是时，诸侯多辩士，如荀卿之徒，著书布天下。吕不韦乃使其客人人著所闻，集论以为八览、六论、十二纪，二十余万言。以为备天地万物古今之事，号曰《吕氏春秋》。布咸阳市门，悬千金其上，延诸侯游士宾客有能增损一字者予千金。”

《汉志》有《淮南子内二十一篇》《淮南外三十三篇》，颜师古曰：“内篇论道，外篇杂说。”《汉书》卷四四《淮南王安传》云：“淮南王安为人好书，鼓琴。……招致宾客方术之士数千人，作为内书二十一篇，外书甚众，又有中篇八卷，言神仙黄白之术，亦二十余万言。”现存的《淮南子》即内书二十一篇，其他均已佚去。高诱为之注，他以为此书原名《鸿烈》，“鸿，大也；烈，明也；以为大明道之言也”。这部书是在中国统一的时候著的，但刘安及其左右，以为各家都有所长，不可专宗一家。因之此书兼有各派之长，而以道家思想为主。

高诱注《淮南》，许慎亦注《淮南》。许注今不存。商务印书馆有刘文典（叔雅）的《淮南鸿烈集解》，胡适曾为之作序，备极赞许。刘先生后来又作《三余札记》，对《集解》有所补充。

文学略说

这一部分打算讲诗、散文和文艺理论。小说和戏剧就不讲了，在我看来，元人杂剧、明清小说，也都属于国学。近代史上极为著名的学者王国维、鲁迅在这方面的研究工作，都超越前人，迄今尚无来者。

在世界文学之林中，我国的诗歌，是极具特色的。其形式之美（当然包括声韵），我以为印度、欧洲（不论是古代希腊和近代俄、德、英、法）都不能和它比。周诗三百篇，其中《国风》，多写男女恋情。《野有死麕》云："舒而脱脱（同蜕）兮，无感我帨兮，无使尨也吠。"《九歌·湘夫人》云："帝子降兮北渚，目眇眇兮愁予！嫋嫋兮秋风，洞庭波兮木叶下。"五七言古诗和近体诗以及词曲，更是如此。搞文学或是美学的人，常常讲艺术的魅力，我以为我国的诗歌（包括词）是最有艺术魅力的。在《离骚》中，屈原写自己的追求，说：“闺中既以邃远兮，哲王又不寤，怀朕情而不发兮，余焉能忍此与终古。”不是使我们有着永恒的不可解去的愁怨吗？

《诗》即我们讲过的《诗经》。司马迁说古诗有三千多篇，“上采契后稷，中述殷周之盛，至幽厉之缺”。被孔子删为三百另五篇。以内容来分，有《风》，有《雅》，有《颂》。《风》是“闾巷之情”，《雅》是“朝廷乐歌”，《颂》是“宗庙乐歌”。《关雎》为《风》之始，《文王》为《大雅》之始、《鹿鸣》为《小雅》之始，《清庙》为《颂》之始。这就是所谓四始。以体制来说，有赋，有比，有兴。赋是叙事述情，比是以物言志，兴是托物为辞。《七月》诗云：“春日迟迟，采蘩祁祁，女心伤悲，殆及公子同归。”《东山》诗云：“我徂东山，慆慆不归。我来自东，零雨其濛。我东曰归，我心西悲。”这都是直抒胸臆，即所谓的赋。《蒹葭》诗云：“蒹葭苍苍，白露为霜。所谓伊人，在水一方。”《绸缪》诗云：“绸缪束薪，三星（参星）在天。今夕何夕，见此良人。”这就是所谓的托物言情——兴。《硕鼠》诗云：“硕鼠硕鼠，无食我黍，三岁贯女，莫我肯顾。逝（誓也）将去女，适彼乐土。”《行露》诗云：“谁谓雀无角，何以穿我屋。谁谓女无家，何以速我狱。虽速我狱，室家不足。”这就是所谓以物言志——比。

以上所引，都出自《风》。有的是《召南》（《行露》），有的是《魏风》（《硕鼠》），有的是《豳风》（《七月》），有的是《秦风》。《小雅》的《鹿鸣》《采薇》《蓼莪》都是名篇。《采薇》诗末章云：“昔我往矣，杨柳依依。今我来思，雨雪霏霏。行道迟迟，载渴载饥，我心伤悲，莫知我哀。”《蓼莪》诗云：“父兮生我，母兮鞠我，抚我畜我，长我育我，顾我复我，出入腹我。欲报之德，昊天罔极。（天啊！这是报不了的，没有底的。）”《大雅·文王》篇，诗意就很少了。“周虽旧邦，其命维新”，就是其中的名句。《颂》有《周颂》《商颂》。“天命玄鸟，降而生商，宅殷土芒芒”，就是祀武丁《玄鸟》篇中为人所熟知的句子。

《诗》三百篇，都是以黄河为中心的诗歌，大抵不出今河北、河南、陕西、山西、山东的范围。

代表南方古代文学的是《楚辞》，其艺术与思想价值，正如现在地下发掘所表示的，是大大地超过了《诗经》的。鲁迅《汉文学史纲要》云：“《楚辞》……较之于诗，则其言甚长，其思甚幻，其文甚丽，其旨甚明，凭心而言，不遵矩度。”其影响及于后世者，远出《诗经》之上。

《离骚》《九歌》《天问》是《楚辞》中的名篇，我以为都是屈原的作品。司马迁作《屈贾列传》，对屈原是很同情的。他说："屈原之作《离骚》，盖自怨生也。《国风》好色而不淫，《小雅》怨诽而不乱。若《离骚》者，可谓兼之矣。……其文约，其辞微，其志洁，其行廉，其称文小而其指极大，举类迩而见义远。……推此志也，虽与日月争光可也。"1946年，闻一多先生在昆明被国民党反动派暗杀，我七月底自昆明飞抵武汉，曾集《离骚》句挽之："哀生民之多艰，虽九死其犹未悔；惟党人其独异，使百草为之不芳。"鲁迅题《彷徨》："路漫漫其修远兮，吾将上下而求索。"也出自《离骚》。

屈原在这篇伟大史诗结束时，说："陟升皇之赫戏兮，忽临睨夫旧乡；仆夫悲余马怀兮，蜷局顾而不行。乱曰：已矣哉！国无人莫我知兮，又何怀乎故都？既莫足与为美政兮，吾将从彭咸之所居。"二千多年之后，我们似乎还能听得到那颗洁如玉的心的跳动。

南方重巫，侑神之词，亦极妍美。《湘夫人》前面已经说过了。《山鬼》云："余处幽篁兮终不见天，路险难兮独后来。表独立兮山之上，云容容兮而在下。"《少司命》云："秋兰兮麋芜，罗生兮堂下，绿叶兮素枝，芳菲菲兮袭余。……秋兰兮青青，绿叶兮紫茎。满堂兮美人，忽独与余兮目成。入不言兮出不辞，乘回风兮载云旗。悲莫悲兮生别离，乐莫乐兮新相知。”

屈原之后，宋玉、唐勒、景差之属，均为楚辞。《九辩》《大招》，仍属先秦，至《招隐士》（淮南小山）、《哀时命》（庄忌）则为西汉之作。贾谊之《吊屈原》《鹏鸟赋》均见于《史记》。至项籍之《垓下帐中歌》，刘邦之《大风歌》，也都是楚声。

《楚辞》有东汉王逸注及宋洪兴祖补注。宋朱熹《楚辞集注》，是一个较好的本子。清人王夫之《楚辞通释》、蒋骥《山带阁楚辞注》以及近人闻一多、游国恩、陆侃如对此均有著述，郭沫若有《屈原研究》，从艺术、思想上颇多发挥，均可参考。

两汉诗歌，传者甚稀。今得见者都是楚声。《汉书·外戚传》说，汉武帝最喜欢的李夫人，就是一个歌唱家。李夫人的哥哥叫李延年，亦能歌善舞，很得武帝的欢心。“每为新声变曲，闻者莫不感动。”他陪伴武帝起舞，歌曰：“北方有佳人，绝世而独立，一顾倾人城，再顾倾人国。宁不知倾城与倾国，佳人难再得。”这不是和楚辞很相像吗？当然已有了一些新的变化。李夫人死了，武帝十分思念，为作诗曰：“是邪，非邪，立而望之，偏何姗姗之来迟。”这诗后来命“乐府诸音家弦歌之”，当然无疑是合乐的。汉武帝为了追悼他的爱人，还作了完全和楚辞一样的赋：“何灵魂之纷纷兮，哀裴回以踌躇，势路日以远兮，遂荒忽而辞去。”其辞在《汉书》中完全保存下来了。大家有兴趣，可以去看。

《古文苑》第三、四、五、六、七，辑的都是汉人的赋，这些赋都是楚声，贾谊《旱云赋》，说：“惟昊天之大旱兮，失精和之正理。遥望白云之蓬勃兮，滃澹澹而妄止。”董仲舒赋士不遇，说：“虽日三省于吾身兮，繇（犹也）怀进退之惟（同维）谷。”枚乘《忘忧馆柳赋》说：“忘忧之馆，垂条之木，枝逶迟而含紫，叶萋萋而吐绿。”司马相如《美人赋》云：“独处室兮廓无依，思佳人兮情伤悲。有美人兮来何迟，日既暮兮华色衰。”扬雄、班固、马融、崔寔亦各有名作，妇女如班婕好（班彪姑）、班昭（曹大家，班固妹）也都有作品。

《史记·项羽本纪》说：“项王军壁垓下，兵少食尽，汉军及诸侯兵围之数重。夜闻汉军四面皆楚歌，项王乃大惊曰：‘汉皆已得楚乎？是何楚人之多也！’”汉高祖所欢喜的戚夫人，是善楚歌、楚舞的。在文学方面，汉人还是以楚辞（楚声）为主的。过去的文学史家似未甚注意。清代大学者戴东原好楚辞，其注屈原作品，即以《屈原赋注》为名。但诗歌在汉代还是有变化的。《柏梁台诗》为七言之始，《三辅黄图》云："柏梁台，武帝元鼎二年春起。"（《汉书·武帝纪》同）《东方朔别传》曰：孝武元封三年，作柏梁台诏群臣二千石有能为七言者乃得上座。《柏梁诗》云："日月星辰和四时（皇帝），骖驾驷马从梁来（梁王），郡国士马羽林材（大司马）。"下面还有二十三句，是二十三人作的，其中有丞相石庆、大将军卫青、御史大夫倪宽、九卿（太常周建德、宗正刘安国、卫尉路博德、光禄勋徐自为、廷尉杜周、太仆公孙贺、大鸿胪壶充国、少府王温舒、大司农张成），执金吾、左冯翊、右扶风、京兆尹、詹事、典属国、大匠、太官令、上林令、郭舍人，最后由东方朔结束："迫窘诘屈几穷哉。"东方朔是一个很有趣的人，《史记·滑稽列传》说他是一个"避世于朝廷"的人，他颇自鸣得意，以为古人避世于深山中，不如他避世金马门，可以全身。郭舍人是个音乐家（倡），武帝的乳母将徙边地，郭教她向武帝辞谢时，什么话也不要说，"疾步数还顾"，使武帝可怜她而不徙之于边地。顾炎武在《日知录》中以为《柏梁诗》是后人拟作，凿凿有据。七言之外，还有五言。枚乘开其端，李陵、苏武继其后。李陵《赠苏武诗》见于《初学记》卷十八"离别"，即"携手上河梁，游子暮何之"那一首。流传很广的古诗十九首，大约是东汉之作，其第一首即：“行行重行行，与君生别离。相去万余里，各在天一涯。道路阻且长，会面安可知。胡马依北风，越鸟巢南枝。相去日已远，衣带日已缓。浮云蔽白日，游子不顾反。思君令人老，岁月忽已晚。弃捐勿复道，努力加餐饭。”汉末蔡琰即蔡文姬，陷南匈奴二十年，后为曹操赎归，她的一首五言的《悲愤诗》，是很著名的。《悲愤诗》也还有一首骚体的，骚体也就是楚歌。二首悲愤诗，均见于《后汉书》卷八十四《列女传》，其骚体有云：“胡笳动兮边马鸣，孤雁归兮声嘤嘤。乐人兴兮弹琴筝，音相和兮悲且清。”

汉末丧乱，在我国历史上却是一个诗的时代。建安文学，曹氏父子是极著名的。魏武帝曹操，不仅是一位伟大的政治家和军事家，还是一位伟大的诗人。他的作品，有五言，有四言。名句有“老骥伏枥，志在千里，烈士暮年，壮心不已”，“月明星稀，乌鹊南飞，绕树三匝，何枝可依”等，最能代表建安风骨。

他的儿子魏文帝曹丕、陈思王曹植，都以诗鸣。曹丕的《燕歌行》是七言，其中“明月皎皎照我床，星汉西流夜未央。牵牛织女遥相望，尔独何辜限河梁？”很有情。曹植诗，锺嵘说：“骨气奇高，词采华茂。”《杂诗》六首，其首章云：“高台多悲风，朝日照北林。之子在万里，江湖迥且深。方舟安可极，离思故难任。孤雁飞南游，过庭长哀吟。翘思慕远人，愿欲托遗音。形影忽不见，翩翩伤我心。”这和《七哀诗》一样，都是对远人的怀念。当然，《七哀》的主角托言女子，“愿为西南风，长逝入君怀”，是第一个说得这样新鲜而动情的人。

建安七子，是在三曹之外，而与三曹的关系又很深的孔融、王粲、陈琳、阮瑀、应玚、徐幹、刘桢。孔融是汉末的名士，在政治上与曹操不合作，最后是被曹操杀掉的。曹丕在《典论·论文》中说他体气高妙，有过人者。刘勰《文心雕龙·才略篇》说他“气盛于为笔”。“体气”用现代的话来说，就是才气，或者是才情。曹丕对他的估价也是不低的。王粲在荆州，曾经依靠过刘表，他的《登楼赋》是很有名的，“登兹楼以四望兮，聊暇日以销忧”；“虽信美而非吾土兮，曾何足以少留”；“原野阒其无人兮，征夫行而未息”。这不都是楚声吗？我们知道，他生长在北方，他的家乡高平，就是现在的山东。在建安七子中，他是很出色的。《汉魏六朝百三名家集》收了他们六个人的集子（孔少府、陈记室、王侍中、阮元瑜、刘公幹、应德琏集），徐幹是《中论》的作者，他的诗仅存四首，因而未收。这部百三名家集有选集，是清代吴汝纶（挚甫）选的，其中就有《陈思王集》。曹植诗别行的还有多种，清丁晏所编《曹集诠评》最好，黄节注的《曹子建集》亦有名。这里，我还要介绍《昭明文选》。这部书，唐人是很重视的，杜甫说“熟精《文选》理”，清代也极重视。我以为这部书值得通读，通读了，我们就可以知道六朝以前我国文学有些什么特点，为什么我们以此自豪。

曹操是建安文学的保护神，他的思想也开了一代的新风。他曾下令求才，以为不仁不孝，只要有治国用兵之术，他就要用，而且要重用。在这种思想影响下，在司马氏和曹氏争夺权力的斗争中，便出了一批诗人，其中嵇康、阮籍极为著名。《嵇康集》经过鲁迅手校，诗有四言，有五言，其《赠秀才从军》诗云：“目送归鸿，手挥五弦。俯仰自得，游心太玄。嘉彼钓叟，得鱼忘筌。”又云：“鸟尽良弓藏，谋极身必危，吉凶虽在己，世路多崄巇，安得反初服，抱玉宝六奇（陈平佐刘邦，六出奇计），逍遥游太清，携手长相随。”秀才是康兄喜（公穆）。这首五言，鲁迅以为不当名《赠秀才从军》，应名《古意》。

阮籍的诗，五言是主要的。《咏怀》八十二首，是诗中的瑰宝，刘宋颜延之以为“文多隐避，百代之下，难以情测”。“阮旨遥深”，也是这一个时期对他的评论。《咏怀》

第三首云："嘉树下成蹊，东园桃与李。秋风吹飞藿，零落从此始。繁华有憔悴，堂上生荆杞。驱马舍之去，去上西山趾。一身不自保，何况恋妻子。凝霜被野草，岁暮亦云已。"其十七首云："独坐空堂上，谁可与欢者，出门临永路，不见行车马。登高望九州，悠悠分旷野，孤鸟西北飞，离兽东南下。日暮思亲友，晤言用自写。"在统治阶级内部残酷的斗争中，正直的知识分子的感慨，可能是千古如一的。嵇阮的声音，代表了魏晋之际这个时代，亦即所谓的正始之音。正始是魏齐王芳的年号。魏明帝死后，曹芳即位才八岁，曹爽用事。正始十年（247），司马懿趁曹芳与曹爽祭扫明帝陵的机会，发动政变，杀曹爽、何晏等，遂专魏政。在这期间，王凌、毌丘俭、诸葛诞在淮南起兵反对司马氏，这就是所谓淮南三叛。朝廷之内，齐王芳被废，高贵乡公立，李丰、夏侯玄被杀。嵇康是在262年（灭蜀前一年）为司马昭所杀，阮籍则死在灭蜀之年。

司马炎是265年正式代魏称帝的，这一年改元泰始。灭吴之后，改元太康。西晋作者，三张、二陆、两潘、一左。三张指张载、张亢、张协，二陆指陆机、陆云，两潘指潘岳、潘尼，左指左思。还有一个张华，在政治上做到宰相，为赵王伦所杀。他所作的诗，"儿女情多，风云气少"。潘岳悼亡，左思咏史，亦俱著名。清人沈德潜说岳"格虽不高，其情自深”（《古诗源》）。《咏史》诗凡八首，其第一首云：“弱冠弄柔翰，卓荦观群书。著论准过秦，作赋拟子虚。边城苦鸣镝，羽檄飞京都。虽非甲胄士，畴昔览穰苴。长啸激清风，志若无东吴。铅刀贵一割，梦想骋良图。左眄澄江湘，右盼定羌胡。功成不受爵，长揖归田庐。”左思出身寒素，在高门横行之时，慷慨论功业，绝世超群。他还作过《三都赋》。三都者，魏都、吴都、蜀都也。《晋书》说他打算作《蜀都赋》时，先拜访了著作郎张载，请教他岷、邛之事，构思十年，家里到处都是纸笔，广泛收集了材料，有所得便写下来。赋成，竞相传写，洛阳为之纸贵。

《诗品·总论》云：“先是郭景纯用隽上之才，变创其体；刘越石仗清刚之气，赞成厥美。”郭景纯就是郭璞，刘越石便是刘琨。郭璞学问极博，注释过《尔雅》、《山海经》和《楚辞》。他蔑视荣华，崇尚高蹈。《游仙诗》云：“京华游侠窟，山林隐遁栖。朱门何足荣，未若托蓬莱。……高蹈风尘外，长揖谢夷齐。”还是有时代气息的。

八王乱后，刘渊于304年建立汉国，石勒继之而起。刘琨在历尽荣华之后，投身于卫国战争。与祖逖为友，闻逖被元帝所用，与亲故书曰：“吾枕戈待旦，志枭逆虏，常恐祖生先吾著鞭。”其《重赠卢谌》诗，前半段讲了太公望之遇文王，邓禹之从光武，张良之依刘邦，齐桓、晋文用人不问仇友，只问贤能。然后说：“中夜抚枕叹，想与数子游。吾衰久矣夫，何其不梦周。谁云圣达节，知命故不忧。……功业未及建，夕阳忽西流。时哉不我与，去乎若云浮。朱实陨劲风，繁英落素秋。……何意百炼刚，化为绕指柔。”刘师培论南北文学不同，说：“惟刘琨之作，善为凄戾之音，而出以清刚；郭璞之作，佐以彪炳之词，而出以挺拔。北方之文，赖以不坠。”

《诗品·总论》说：“永嘉时，贵黄老，稍尚虚谈，于时篇什，理过其辞，淡乎寡味。爰及江表，微波尚传。”其代表人物，就是孙绰、许询。绰《晋书》有传，说他“少与高阳许询俱有高尚之志”，很瞧不起山涛，说他“吏非吏，隐非隐”。但仍不能忘怀政治，桓温议北伐，他向皇帝上书，表示对桓温不支持。桓温见到很不高兴，说：“致意兴公，何不寻君《遂初赋》，知人家国事邪！”

东晋之末，有一位大诗人陶渊明，可以说是我国文学史上一颗明星。《晋书》《宋书》《南史》都有传，渊明字元亮，名潜，人称靖节先生，故亦称靖节。过去，人们只知道他是“隐逸诗人之宗”，实际上，隐逸只是一面。南宋朱熹首先指出他还有金刚怒目的一面。他的诗有四言，五言却是主要的。《饮酒诗》二十首，第五首云：“结庐在人境，而无车马喧。问君何能尔，心远地自偏。采菊东篱下，悠然见南山。山气日夕佳，飞鸟相与还。此中有真意，欲辨已忘言。”《归园田居》五首的第一首说：“方宅十余亩，草屋八九间。榆柳荫后檐，桃李罗堂前。暧暧远人村，依依墟里烟。狗吠深巷中，鸡鸣桑树颠。户庭无尘杂，虚室有余闲。久在樊笼里，复得返自然。”闲适之情，避世之乐，溢于言表。但在《拟古》《杂诗》中，感慨苍凉。《拟古》九首，其第九首云：“种桑长江边，三年望当采。枝条始欲茂，忽值山河改。柯叶自摧折，根株浮沧海。春蚕既无食，寒衣欲谁待。本不植高原，今日复何悔。”《杂诗》十二首，其第二首云：“白日沦西阿，素月出东岭。遥遥万里辉，荡荡空中景。风来入房户，夜中枕席冷。气变悟时易，不眠知夕永。欲言无予和，挥杯劝孤影。日月掷人去，有志不获骋。念此怀悲凄，终晓不能静。”与阮嗣宗《咏怀诗》相比，虽时隔多年，慷慨之情，如出一心。

南朝诗人，所谓“庄老告退，而山水方滋”者也。谢灵运《登池上楼》云：“初景革绪风，新阳改故阴。池塘生春草，园柳变鸣禽。”《登江中孤屿》云：“江南倦历览，江北旷周旋。怀新道转迥，寻异景不延。乱流趋正绝，孤屿媚中川。云日相辉映，空水共澄鲜。”灵运出自名门，《宋书》卷六七本传说他的祖父是谢玄，他“因父祖之资，生业甚厚”。

“寻山陟岭，必造幽峻，岩嶂千重，莫不备尽。登蹑常着木屐，上山则去前齿，下山去其后齿。”他的山水诗和这种生活是分不开的。

杜甫称赞李白的诗，说其清新像庾信，俊逸像鲍照。鲍照《学公幹体五首》之三云：“胡风吹朔雪，千里度龙山。集君瑶台上，飞舞两楹前。兹晨自为美，当避艳阳天。艳阳桃李节，皎洁不成妍。”《拟行路难》十八首是杂言，有三字句、五字句，也有七字句。其第五首云：“君不见，河边草，冬时枯死春满道。君不视，城上日，今暝没山去，明朝复更出。……人生苦多欢乐少，意气丰腴在盛年。且愿得志数相就，床头恒有沽酒钱。功名竹帛非我事，存亡贵贱委皇天。”《宋书·临川烈武王道规传》有鲍照附传，说他“文辞赡逸”，元嘉时他作《河清颂》，序中以为：“善谈天者，必徵象于人，工言古者，先考绩于今。”从思想方面来说，是很高明的。

李白诗云：“蓬莱文章建安骨，中间小谢又清发。”又云：“解道澄江净如练，令人长忆谢玄晖。”小谢、谢玄晖都是谢朓。《之宣城郡出新林浦向板桥》诗云：“江路西南永，归流东北骛。天际识归舟，云中辨江树。”《晚登三山还望京邑》云：“余霞散成绮，澄江静（净）如练。喧鸟覆春洲，杂英满芳甸。”《和刘西曹望海台》云：“沧波不可望，望极与天平。往往孤山映，处处春云生。”至“大江流日夜，客心悲未央”，慷慨淋漓，“才思文情之壮，太白、杜、韩无以尚之”。

《隋书·经籍志》云：“宋、齐之世，下逮梁初，灵运高致之奇，延年错综之美，谢玄晖之藻丽，沈休文之富溢，辉焕斌蔚，辞义可观。梁简文之在东宫，亦好篇什，清辞巧制，止乎衽席之间，雕琢蔓藻，思极闺闱之内。后生好事，递相放习，朝野纷纷，号为宫体。”昔日之言齐梁文学者，均以宫体诗概括之。宫体诗亦即所谓艳诗。陈徐陵编《玉台新咏》，其中有简文诗，湘东王（梁元帝萧绎）诗，简文《杂句春情》一首云：“蝶黄花紫燕相追，杨低柳合路尘飞。已见垂钩挂绿树，诚知淇水沾罗衣。两童夹车问不已，五马城南犹未归。莺啼春欲驶，无为空掩扉。”湘东王《春别应令》之一云：“昆明夜月光如练，上林朝花色如霰。花朝月夜动春心，谁忍相思不相见。”这些诗，现在看来，也没有什么不好。当然都是情诗，和李后主一样，“罗袜度香阶，手提金绣鞋”，不过是以词言情了。《玉台新咏》中，也有杜甫诗里提到的何逊、阴铿和庾信的诗。何逊诗写闺怨、舞伎、倡家和新妇，亦委婉有致。阴铿诗已有近体的味道，如《和樊晋丧妾》

云："忽以千金笑，长作九原悲。"《南征闺怨》云："逢人憎解珮，幽居懒听音。"杜甫说"庾信文章老更成，凌云健笔意纵横"，他的《燕歌行》《乌夜啼》就完全像是唐人的七古了。《南齐书》《梁书》《陈书》都有文学传，《南齐》列十一人，《梁书》列二十六人，《陈书》列十七人。他们的著作都收在《百三名家集》中了。梁昭明太子萧统作《文选》，选录梁以前诗，唐人极重之，有李善注、六臣注，清梁章钜复作《文选旁证》，颇有名，民国高步瀛复作《文选李注义疏》八卷。由唐至清，这一部文学选本，俱为世所重。

唐宋是我国诗歌发展的一个高峰，唐诗宋词，谁都知道是我国古代文学的瑰宝。隋统一中国为589年，但统治时间很短暂。618年，唐王朝建立。唐朝统治近三百年，907年，五代十国开始。北宋于960年代周，1127年金国占领北方，宋在南方建立国家，至1279年，为蒙古所灭。自隋统一全国至宋亡，一共六百九十年，这是一个变化很大的时代，国家由统一至分裂，又由分裂至统一。隋有统一，有分裂；唐亦如之。五代时，南北分裂，南方先后有九国，北方有五个王朝更迭兴亡，还有一个独立的北汉。北宋是统一的，但辽、金、西夏和北宋成鼎立之势，金与蒙古先后和南宋对峙。在这样的情况下，忠君爱国就成为这一个时期文学的突出特点，唐代的大诗人杜甫和南宋大诗人陆游的诗篇中，这个色彩就特别浓郁。金诗人元好问，其作品眷怀故国深情，亦感人至深。如：“西风白发三千丈，故国青山一万重”，“自恨不如云际雁，南来又得过中原”等。

这一个时期社会经济的变化也是很大的，高门巨族的统治日薄西山，渐由科举出身的士大夫所代替；明经、进士两科，始终是进士占上风，其间虽亦有许多变化，但诗赋总居首座。地主阶级出身的士大夫，和生长在镇市中的书生，在仕途坎坷的人生道路上，唱出了“朱门酒肉臭，路有冻死骨”这样的人民的声音。

七百年来，文学上的成就是丰富的，但我们不能忘记时代所给予的渲染。

唐初四杰，王勃、杨炯、卢照邻、骆宾王还没有摆脱齐梁的遗风。后来有瞧不起他们的人，杜甫说：“王杨卢骆当时体，轻薄为文哂未休。尔曹身与名俱灭，不废江河万古流。”把那些人着着实实骂了一顿。王勃年纪很轻就作了一篇流传了一千多年还使人惊慕不已的《滕王阁序》，结尾时，有诗曰：“滕王高阁临江渚，佩玉鸣銮罢歌舞。画栋朝飞南浦云，珠帘暮卷西山雨。闲云潭影日悠悠，物换星移几度秋。阁中帝子今何在，槛外长江空自流。”齐梁的色彩是相当浓重的。骆宾王的《在狱咏蝉》是一首五言律诗，诗云：“西陆蝉声唱，南冠客思深（一作侵）。不堪玄鬓影，来对白头吟。露重飞难进，风多响易沉。无人信高洁，谁为表予心。”就完全是近体诗了。

武后临朝，曾被她重视过的陈子昂，在仕途上并不得意，在文学上却一扫齐梁之气，给了唐诗以极大影响。韩愈赞扬他，说：“国朝盛文章，子昂始高蹈。”子昂《登幽州台歌》云：“前不见古人，后不见来者。念天地之悠悠，独怆然而涕下。”这是怎么样的一种气象啊！这真正是一种超群出众的“高蹈”。

文学史上说李白是一个“集汉魏六朝之大成”的人物，他所作的《梦游天姥吟留别》《宣州谢朓楼饯别校书叔云》《蜀道难》《将进酒》都是名篇。“君不见黄河之水天上来，奔流到海不复回。”“噫吁嚱，危乎高哉，蜀道之难，难于上青天。”“天姥连天向天横，势拔五岳掩赤城。天台四万八千丈，对此欲倒东南倾。”“弃我去者，昨日之日不可留；乱我心者，今日之日多烦忧。长风万里送秋雁，对此可以酣高楼。”都是百读不厌的。

李白还有一些短五言诗，如《春思》：“燕草如碧丝，秦桑低绿枝。当君怀归日，是妾断肠时。春风不相识，何事入罗帏？”《子夜吴歌》云：“长安一片月，万户捣衣声。秋风吹不尽，总是玉关情。何日平胡虏，良人罢远征。”

李白的近体诗，律诗仍不守规格，如《送友人》：“青山横北郭，白水绕东城。此地一为别，孤蓬万里征。浮云游子意，落日故人情。挥手自兹去，萧萧班马鸣。”但却是古今绝唱，《早发白帝城》《望天门山》，三四岁的孩子也是能琅琅成诵的。

杜甫的祖父杜审言五言律诗《早春游望》云：“独有宦游人，偏惊物候新。云霞出海曙，梅柳渡江春。淑气催黄鸟，晴光转绿蘋。忽闻歌古调，归思欲沾巾。”沈佺期、宋之问、张九龄、孟浩然、王之涣、王昌龄、崔颢、王维都是杜甫的前辈。宋之问《题大庾岭北驿》云：“阳月南飞雁，传闻至此回。我行殊未已，何日复归来？江静潮初落，林昏瘴不开。明朝望乡处，应见陇头梅。”孟浩然，就是那一位说过“不才明主弃，多病故人疏”的诗人，《与诸子登岘山》云：“人事有代谢，往来成古今。江山留胜迹，我辈复登临。水落鱼梁浅，天寒梦泽深。羊公碑尚在，读罢泪沾襟。”王之涣即《凉州词》的作者，《凉州词》云：“黄河远上白云间，一片孤城万仞山。羌笛何须怨杨柳，春风不度玉门关。”王昌龄的《闺怨》云：“闺中少妇不知愁，春日凝妆上翠楼。忽见陌头杨柳色，悔教夫婿觅封侯。”武昌黄鹤楼，有崔颢题诗，其中名句有曰：“晴川历历汉阳树，芳草萋萋鹦鹉洲。”后人以为经此一说，就不能再说什么了。

王维经历了开元之盛和天宝的丧乱，官做得不小，后来又失节于安禄山。他的诗内容还是很丰富的。写边塞，如“大漠孤烟直，长河落日圆”，非亲至者不能道。“江流天地外，山色有无中”，没有面临过浩浩江声和蒙蒙山色的人，也是想不出来的。《山居秋暝》云：“空山新雨后，天气晚来秋。明月松间照，清泉石上流。竹喧归浣女，莲动下渔舟。随意春芳歇，王孙自可留。”唐代长安的南面，有很多贵人的别墅。那时候，关中的山水，仿佛江南。王维在辋川也有别业，据说原来是宋之问的，后来归了他。辋川是一条小河的名字，在终南山下，别墅是盖在山上的。唐宋时，东自徐州，西至宝鸡，和现在的南方一样，竹树随处点缀着如画的江山。

杜甫（712—770）是比以上的诗人要晚一些的。他比李白（701—762）要小十一岁。近体诗到了他手里，就完全成熟了。《三吏》《三别》《自京赴奉先县咏怀五百字》都是他的名篇，但都是古风。“朱门酒肉臭”就出自《奉先咏怀》。“白水暮东流，青山犹哭声”，即出于《三吏》中的《新安吏》，《羌村》和《北征》也极著名，人们以为这些都是诗史。

其近体诗五律、七律，思想上和艺术上都臻极境。《春夜喜雨》云：“好雨知时节，当春乃发生。随风潜入夜，润物细无声。野径云俱黑，江船火独明。晓看红湿处，花重锦官城。”《江汉》云：“江汉思归客，乾坤一腐儒。片云天共远，永夜月同孤。落日心犹壮，秋风病欲苏。古来存老马，不必取长途。”《喜雨》一首，观察细微，是哲学，也是诗；《江汉》一首，写孤独的归心，说壮心不已的暮年，景与情会，读着它自然是低徊不已的。

《咏怀古迹》五首，是杜甫从四川沿江东下时的作品，《咏明妃》一开始就牢牢地抓住读者的心：“群山万壑赴荆门，生长明妃尚有村。”写明妃的一生，只说“一去紫台连朔漠，独留青冢向黄昏”，哀怨不言而自明。《闻官军收河南河北》：“剑外忽传收蓟北，初闻涕泪满衣裳。却看妻子愁何在？漫卷诗书喜欲狂。白日放歌须纵酒，青春作伴好还乡。即从巴峡穿巫峡，便下襄阳向洛阳。”情感、文字痛快淋漓之至。

杜甫对李白的友情极深。“落月满屋梁，犹疑照颜色”；“渭北春天树，江东日暮云”；“世人皆欲杀，吾意独怜才”，都表现了他对李白真挚的深情。对于这一位前辈诗人，他在《饮中八仙歌》中说道：“李白斗酒诗百篇，长安市上酒家眠。天子呼来不上船，自称臣是酒中仙。”他赞美李白的作品，说：“白也诗无敌，飘然思不群。”后人说李白是诗仙，说杜甫是诗圣，也有人强论其二人之优劣。李白是一个永远不能满足的人，他永远在那里追求，他说："人生在世不称意，明朝散发弄扁舟。"他极大部分的诗，都作于开元盛世，他是不满足于这个盛世的。他以《古风》为题的五十九首五言诗，写理想、抱负，写对现实的不满，是值得研究一番的。杜甫在乱离之际，怀念的却是这个为李白所不满足的开元盛世。这就是在诗的创作上代表盛唐之音的人们。

元和、长庆之时，元、白、韩、孟、柳、刘都是极为著名的。"秋坟鬼唱鲍家诗"，李贺更是奇崛的一个。他的《南园》诗云："寻章摘句老雕虫，晓月当帘挂玉弓。不见年年辽海上，文章何处哭秋风。"末一句是说文章无用，即使像宋玉那样，辽东的战地上，哪里用得着呢？昌谷（河南宜阳县）是李贺的家所在，这里有南园，也有北园，其《北园新笋》诗说："斫取青光写楚辞，腻香春粉黑离离。无情有恨何人见？露压烟啼千万枝。"毛泽东1957年写的一篇问《文汇报》向何处去的文章，其中引"黑云压城城欲摧"，亦即李贺的诗句。

元稹和白居易是新乐府的作者和提倡者，又同为长庆体。他们模仿杜甫的《三吏》《三别》，写新事，标新题。白居易的《卖炭翁》，极言宫市之横；《盐商妇》，描写了锦衣玉食的一位盐商的妻子之后，转把矛头刺向主管盐政的盐铁尚书。

所谓长庆体，如《长恨歌》《琵琶行》《连昌宫词》，过去，学生都必读。人们说白居易是人民的诗人，他的新乐府，也真是“老妪都解”。近体诗中，元稹的《遣悲怀》、白居易的《钱塘湖春行》，在唐诗中也是难得的。“几处早莺争暖树，谁家新燕啄春泥。”不是把西湖的春天写得有声有色了吗?

韩愈开“以文为诗”的先河。其《酬张籍诗》云：“天街小雨润如酥，草色遥看近却无。最是一年春好处，绝胜烟柳满皇都。”却是诗意盎然。孟郊、贾岛都善苦吟。柳宗元是一位杰出的思想家，文学成就亦最卓越。他的诗作不多，却首首动情。“海畔尖山似剑铓，秋来处处割愁肠。若为化作身千亿，散向峰头望故乡。”这是和一位和尚在柳州看山寄怀长安的亲戚朋友的。其《渔翁诗》云：“渔翁夜傍西岩宿，晓汲清湘燃楚竹。烟销日出不见人，欸乃一声山水绿。回看天际下中流，岩上无心云相逐。”既是诗，又是画，又是音乐。

和柳宗元一道参加永贞改政的刘禹锡，思想上、文学上和柳宗元有很多相同。他的怀古诗，如《石头城》《乌衣巷》，读之真令人无限低徊。他和白居易相遇于扬州，正是贬放被征回返京师之时，有诗云：“巴山楚水凄凉地，二十三年弃置身。怀旧空吟闻笛赋（用向秀事），到乡翻似烂柯人。沉舟侧畔千帆过，病树前头万木春。今日听君歌一曲，暂凭杯酒长精神。”不论是艺术性，或者是思想性，在我国诗史中，无疑都是第一流的。

晚唐诗人，杜牧、温庭筠、李商隐最为杰出。他们是同时代的人，杜牧生于803年，温庭筠生于823年，李商隐生于813年。主要活动于唐文宗、武宗之时，也就是宪宗削平藩镇后而外患内忧接踵而至之时。杜牧曾经注过《孙子兵法》，是很想有一番作为的士大夫。他写了不少的古体诗，但和其他两位作家一样，最好的诗还是近体。

“长安回望绣成堆，山顶千门次第开。一骑红尘妃子笑，无人知是荔枝来。”（杜牧《过华清绝句》）“君问归期未有期，巴山夜雨涨秋池。何当共剪西窗烛，却话巴山夜雨时。”（李商隐《夜雨寄北》）真正可说是唐音。这三位作家都有咏史诗，杜牧的《赤壁》《泊秦淮》，温庭筠的《过陈琳墓》《经五丈原》，李商隐的《贾生》《隋宫》，和刘禹锡的咏史诗一样，都是近体咏史诗的精华。

幼年读《唐诗三百首》，六十年过去了，我认为这还是一个好的选本。新中国成立之后，唐诗选有好几种。清人沈德潜编著的《唐诗别裁》，我以为还没有超过它的。

清代辑集《全唐诗》，始于康熙四十四年（1705）三月，迄于四十五年十月，共收诗四万八千九百多首，作者二千二百余人，总九百卷。宋人计有功作《唐诗纪事》，共八十一卷，一千一百五十家。这是研究唐诗的基本资料。

宋代诗词，后人做了很多工作。《全宋词》录入作者一千三百三十余人，作品近二万。诗人数目，达三千八百一十二人，这是乾隆十一年厉鹗（樊榭）的统计。宋以外，还有辽、金，作者大大地超过了唐朝，可能多一倍还不止。

词，实际上也是诗，讲平仄，讲用韵，只不过是杂言而已。一首词，像《念奴娇》：“大江东去，浪淘尽，千古风流人物，故垒西边，人道是，三国周郎赤壁。乱石穿空，惊涛拍岸，卷起千堆雪。江山如画，一时多少豪杰！遥想公瑾当年，小乔初嫁了，雄姿英发，羽扇纶巾，谈笑间，樯橹灰飞烟灭。故国神游，多情应笑我，早生华发。人生如梦，一樽还酹江月。”有四字句、五字句、六字句、九字句。《念奴娇》是词牌名，你要用这个词牌写作，就得按照这个模式，不能改变。苏东坡《临江仙》云：“夜饮东坡醒复醉，归来仿佛三更，家童鼻息已雷鸣。敲门都不应，倚杖听江声。长恨此身非我有，何时忘却营营。夜阑风静縠纹平。小舟从此逝，江海寄余生。”七、六、七、五、五。更、鸣、声、营、平、生都押韵。1981年3月，我去杭州，就用《临江仙》这个词牌，写了那个时候我的心情：“独寻芳草春将半，九年又到西湖。东风犹自惜菰蒲。小舟轻击水，低唱采桑姑。历尽风霜人似玉，何须千斛明珠。此中烟景世间无。北山春似酒，能否换髭须？”有些词和诗的形式相仿，如《阳关曲》：“暮云收尽溢清寒，银汉无声转玉盘。此生此夜不长好，明月明年何处看。”

五代十国时，南唐两位皇帝，中主和后主（李璟、李煜），都是著名的词人。“细雨梦回鸡塞远，小楼吹彻玉笙寒”；“问君能有几多愁，恰似一江春水向东流”，就是他们的名句。唐代在近体诗成熟之后，已经有人对诗的形式尝试创新，到了南唐，这种新形式就成熟了。北宋时，词作已多，政治家如范仲淹，也留下了“浊酒一杯家万里，燕然未勒归无计”和“明月楼高休独倚，酒入愁肠，化作相思泪”之句。柳永是婉约派词人的大家，字耆卿，初名三变。人们说有水井处就有人歌唱他的作品。“今宵酒醒何处？杨柳岸，晓风残月。”这是《雨霖铃》中的名句。晏殊、欧阳修、苏轼、秦观、周邦彦都是名家。“一曲新词酒一杯，去年天气旧亭台，夕阳西下几时回？无可奈何花落去，似曾相识燕归来，小园香径独徘徊。”（《浣溪沙》晏殊）“几日行云何处去，忘了归来，不道春将暮。百草千花寒食路，香车系在谁家树。泪眼倚楼频独语。双燕来时，陌上相逢否？撩乱春愁如柳絮，依依梦里无寻处。”（《蝶恋花》欧阳修）“雾失楼台，月迷津渡。

桃源望断无寻处。可堪孤馆闭春寒，杜鹃声里斜阳暮。驿寄梅花，鱼传尺素。砌成此恨无重数。郴江幸自绕郴山，为谁流下潇湘去。”（《踏莎行》秦观）在这些词中，我以为可以窥见词和诗不仅是形式上的不同，而且在内容上也有广狭之分了。

宋诗和唐诗不同，不仅是因为时代不同，而且是因为宋人刻意求新，“以文为诗”。人们以北宋的大家为苏、黄。王安石、陈后山（师道），我以为是不亚于苏、黄的。安石的思想甚高，诗中七绝以形象做高度的概括。其《北山》云：“北山输绿涨横陂，直堑回塘滟滟时。细数落花因坐久，缓寻芳草得归迟。”《夜直》云：“金炉香烬漏声残，翦翦轻风阵阵寒。春色恼人眠不得，月移花影上栏杆。”《六言绝句》云：“柳叶鸣蜩绿暗，荷花落日红酣。三十六陂春水，白头想见江南。”陈衍认为“绝代销魂”。“细数落花”之句，不也是写的与众不同的寂寞吗！

苏轼，人们也叫他作诗仙。“竹外桃花三两枝，春江水暖鸭先知”（《惠崇春江晚景》），“长江绕郭知鱼美，好竹连山觉笋香”（《初到黄州》），这都是脱口而出的细微的体察，在困境中旷达心胸的写照。写西湖之美，以西施为喻：“若把西湖比西子，淡妆浓抹总相宜”；写庐山的云雾却充满了哲理：“不识庐山真面目，只缘身在此山中。”

黄山谷、陈师道均刻意为诗，为江西诗派之祖。山谷《寄黄几复》诗云："我居北海君南海，寄雁传书谢不能。桃李春风一杯酒，江湖夜雨十年灯。"以"桃李春风"之句，写往日相聚之乐，以明怀想之深。他写秋天，说："落木千山天远大，澄江一道月分明。"完全是一幅秋日的图画。杜甫也写秋天，"无边落木萧萧下，不尽长江滚滚来"，就完全是音乐。这也许就是唐诗和宋诗的区别吧。

陈师道绝句云："书当快意读易尽，客有可人期不来。世事相违每如此，好怀百岁几回开。"晁冲之《和江子之相别》说："平日甚豪今潦倒，少年最乐晚崎岖。故人鼎贵甘相绝，别后君须寄一书。"这样言世情，似乎是江西派诗人的特色。

宋室南渡，李清照、辛稼轩、刘过、姜夔、史达祖、高观国、吴文英、刘克庄都极有名。"帘卷西风，人比黄花瘦"（《醉花阴》）是李清照的名句。世乱流离，她南迁江南，对故乡怀念，便唱出了像《武陵春》那样的名篇："风住尘香花已尽，日晚倦梳头，物是人非事事休，欲语泪先流。闻说双溪春尚好，也拟泛轻舟。只恐双溪舴艋舟，载不动许多愁。"

金人占领北方，对文学创作的影响是很大的。辛稼轩少年时便参加耿京领导的反金斗争。起义失败渡江而南，做了几任官，时时想着要恢复中原。"醉里挑灯看剑，梦回吹角连营。

八百里分麾下炙，五十弦翻塞外声，沙场秋点兵。马作的卢飞快，弓如霹雳弦惊。了却君王天下事，赢得生前身后名，可怜白发生。”这首的词牌叫《破阵子》，是寄给南宋的思想家陈亮的。其《永遇乐》，写京口北固亭怀古，上阕云：“千古江山，英雄无觅孙仲谋处。舞榭歌台，风流总被雨打风吹去。斜阳草树，寻常巷陌，人道寄奴曾住。想当年，金戈铁马，气吞万里如虎。”用历史事实，叙坚决的斗志，沉郁苍凉。这首词结句云：“廉颇老矣，尚能饭否？”作者写这首词时，已六十六岁，任镇江知府。白石词别具风格，《暗香》《疏影》是他的名篇。《疏影》云：“客里相逢，篱角黄昏，无言自倚修竹。昭君不惯胡沙远，但暗忆江南江北。想佩环月夜归来，化作此花幽独。”《扬州慢》有句曰：“自胡马窥江去后，废池乔木，犹厌言兵。渐黄昏，清角吹寒，都在空城。”《踏莎行》中亦有绝唱：“淮南皓月冷千山，冥冥归去无人管”，将一个终生漂泊江湖的文人的黍离之悲、落寞之情，表现得清冷空漾，令人回肠荡气。

南宋诗，旧称尤、杨、范、陆。尤是尤袤，号延之，杨是杨万里，范是范成大，陆是陆游。四家之前，有陈与义和曾幾，他们的诗是属于江西诗派的。“客子光阴诗卷里，杏花消息雨声中”，是陈与义的名句。曾幾是陆游的老师，有人说，他的诗“清于月出初三夜，淡似云岩第一家”，像《三衢道中》的“绿阴不减来时路，添得黄鹂四五声”，《登宜兴》的“观水观山都废食，听风听雨不妨眠”，真是又清又淡。这两位诗人都是官于北宋、历尽靖康之难的。

南宋四大家中，陆游是一位大家。和辛稼轩一样，是当时爱国士大夫的代表。

“三万里河东人海，八千仞岳上摩天。遗民泪尽胡尘里，南望王师又一年。”“僵卧孤村不自哀，尚思为国戍轮台。夜阑卧听风吹雨，铁马冰河入梦来。”“死去元知万事空，但悲不见九州同。王师北定中原日，家祭无忘告乃翁。”“白发将军亦壮哉，西京昨夜捷书来。胡儿敢作千年计，天意宁知一日回。列圣仁恩深雨露，中兴赦令疾风雷。悬知寒食朝陵使，驿路梨花处处开。”都是爱国诗篇。诗人从青年时期，就无限向往“楼船夜雪瓜洲渡，铁马秋风大散关”。

像陶渊明一样，这位大诗人也还有另外的一面。《沈园》诗云：“城上斜阳画角哀，沈园非复旧池台。伤心桥下春波绿，曾是惊鸿照影来。”“梦断香消四十年，沈园柳老不吹绵。此身行作稽山土，犹吊遗踪一泫然。”对前妻唐婉，真是一往情深。被《红楼梦》小说中主人公林黛玉提及的“重帘不卷留香久，古砚微凹聚墨多”的句子也出自他的《书室明暖，终日婆娑其间，倦则扶杖至小园戏作长句》诗中，那时，他大概已过七十岁了。

《十八家诗钞》选了元遗山的七律百六十二首。元遗山即元好问，金人。金亡后，诗转深沉，其《卫州感事》诗云："白塔亭亭古佛祠，往年曾此走京师。不知江令还家日，何似湘累去国时。离合兴亡遽如此，栖迟零落竟安之。太行千里青如染，落日栏干有所思。"

元明两代，诗少佳作。明前后七子，"文必秦汉，诗必盛唐"，一意模仿，读之无味。明代二百多年，只有一个高启（青丘），可与群星并列。明末钱谦益、吴伟业，始因易代，感慨遂深。吴伟业，号梅村，明亡之后，尚苟且新朝，内心充满了矛盾。"河洛风尘万里昏，百年心事向夷门。气倾市侠收奇用，策动宫娥报旧恩。多见摄衣称上客，几人刎颈送王孙。死生总负侯嬴诺，欲滴椒浆泪满樽。"（《怀古兼吊侯朝宗》）至于"我本淮王旧鸡犬，不随仙去落人间"，就更明显是深悔事新朝之意了。其《台城》诗："形胜当年百战收，子孙容易失神州。金川事（靖难之役）去家还在，玉树歌残恨未休。徐（达）邓（愈）功名谁甲第，方（孝孺）黄（子澄）骸骨总荒丘。可怜一片秦淮月，曾照降幡出石头。"这确如沈德潜所说，"借台城咏南渡事"，故感慨就深了。（下缺）

附录

中国文化三题

一、中国历史与中国文化

中国历史是由居住在现今九百六十万平方千米土地上各民族形成的（或者说创造的）。有许多民族，著名的如匈奴、鲜卑、氐、契丹、女真……已经不存在了，现存有五十六个民族，著名的是汉族、蒙古族、回族、藏族、维吾尔族、满族、高山族、黎族、布依族、土家族等。我国的历史最长，有文字记载的已有四千年。它的文化最丰富多彩，超过世界上资本主义以前所有的民族和国家。巴比伦、埃及、希腊、罗马、印度、英国、法国、意大利、日本在古代、在中世纪，都有独具特色的文化，但和我国相比，就瞠乎其后了。

本来早就居世界前列的中国文化（包括科学技术在内），到了近代，由于封建主义的统治，就落后了。毛泽东在《新民主主义论》中说，当作观念形态的文化，是社会政治经济的反映，又反过来给予政治经济以影响。封建的政治经济，比起资本主义的政治经济来，是落后的，文化当然也落后。

但我们在这里所说的文化，包括的不仅仅是观念形态的东西，城市的建筑，庭园的布置，衣服的形式与装饰，婚丧的礼仪，道路、桥梁、舟车的设计，工艺品的制造……也属于文化这个包含极广的范畴。希腊人的神庙，讲希腊文化时，没有不涉及的。宗教、图书、音乐、美术、书法、体育以至语言、风习、医药在我国文化中，也占了极为重要的地位。北京的天坛，五台山的寺庙，宋本《楚辞集注》，清《佩文韵府》和四库书，王羲之的《兰亭序》，顾闳中的《韩熙载夜宴图》，郭熙的《早春图》，汉至唐宋的杂技，唐诗、宋词、元曲中的语言之美，宋元明瓷器之精，莫不是文化的表现。

近人论文化，往往只限于思想。说儒家文化，说的只不过是某一些儒者的思想。孔子是儒家的老祖宗，谈到他只不过是三纲五常，别的似乎都没有了。“礼之用，和为贵”，说的是礼与乐为人生所必需。和是乐的灵魂。从这一点来看，孔子的思想就不像人们所说那么简单。孔子以后，继之者孟、荀。孟子对原始民主充满了怀恋，他以为民贵君轻，“君视臣为土芥，则臣视君为寇仇”。当然也不能不说是儒家思想。儒家之外，老庄的影响也很大。魏晋之际，许多知识分子，用老庄来反对司马氏，反对东汉以来僵化了的经学，在思想解放上起过不小的作用。王弼所注《老子》，郭象所注《庄子》至今犹为佳作。宋明理学，是我国文化重要组成部分，其中，有糟粕，也有精华。范仲淹是见于《高平学案》的，“不以物喜，不以己悲”，“先天下之忧而忧，后天下之乐而乐”；张载是濂、洛、关、闽理学四派中的关派领袖，他主张：“为天地立心，为生民立命，为往圣继绝学，为万世开太平。”这不都是很崇高的理想吗！他作《克己复礼》诗，说：“克己工夫未肯加，吝骄封闭缩如蜗。试于中夜深思省，剖破藩篱即大家。”这不是真正的解放思想吗？

清初，顾炎武、王夫之、黄宗羲俱为宋明理学之反动。炎武反对依傍，以明人著书为盗窃，认为凡事都要详其本末，参以证佐，主张博证；要求学问和社会相关，服膺“载诸空言，不如见诸行事”的古训。王夫之在国变之后，著书穷山，以为物理无穷，已精而又有精者，不守一家之言，不落前人习气，以为天理即在人欲之中。黄宗羲作《明儒学案》，作《明夷待访录》，以为天下之大害为有君（“无地而得安宁者，为有君也”），“有治法而后有治人”。这三位大学者，是清代学术思想开创的巨人，和中国文化的发展是分不开的。

观念形态的文化，我国还有许多特殊的东西。史学的各体均备，史籍的丰富浩博，外国是望尘莫及的。钟鼎彝器、碑版篆刻，北宋以后，成为专门之学，人们不是常常为大鼎所迷（如毛公鼎），为雄伟的石碑所吸引，吉金乐石，历史所记长得很。石鼓文和鼎铭，现在或可见其实物，或尚摹于图录。

我上面说了许多，可能都是我们文化中好的东西。当然，我们文化中也有许多坏的东西。血统论，是很落后的，但“文化大革命”中风行一时。这个血统论，实则新中国成立后并未消除，还有市场；现在呢，可能也还在为祸于改革。封建帝王，一言九鼎，什么都是他说了算。有权就有了一切。“朕即国家”，西方和我们是没两样的。开明君主，在18世纪的欧洲，被人称道。我国历史上的汉文帝、唐太宗，不也被称颂至今吗？但这都是落后的东西。和希特勒比，俾斯麦是好的。和秦始皇比，唐太宗确是个纳谏的圣君。我们现在反对裙带关系，反对为子孙谋，这些都是封建文化糟粕，是“旧文化中的反动成分”。崇洋媚外，那就是半殖民地半封建的坏东西了。迷信神、迷信鬼、迷信领袖（天王圣明，臣罪当诛）绝对不是科学的态度。有些古籍，糟粕甚多，我们研究它就是为了批判。反动、落后的东西，不打是不倒的。先进的，要打倒也打不倒，要清除也清除不了。故宫的建筑，看也看不厌，但御风寒却不如现代化的北京大学的宿舍，卫生设备也不如，现在要住人，就要改造。宗教，是古老的产物，不能把它完全看成迷信，看成鸦片烟。资产阶级在它的初期，反对宗教是非常强烈的。后来，德国产生了路德派，法国产生了加尔文派，英国又有它自己的国教，几百年了，这些国家一年中总还有一些日子，辽阔的晴空依然缭绕着教堂的钟声。我国有各种各样的宗教，有本土的，有外来的，现在都恢复了活动。宗教为什么打不倒呢？要研究。文化中很多东西，都要研究：春节在我国历史上是已经很久很久了，1927年之后，国民党政府提倡过新历年，但农村都过旧历年，城市里只有机关学校放假，有点过年的样子，但真正的过年，还是从腊月底直到正月元宵。满族入主中原，要剃发，杀了许多人，只是道士例外。辛亥革命，辫子一下子就剪光了，但在农村，直到30年代，还有留辫子的。但女子的服装，特别是在城市，一下子都变了。旗袍，就是满族的服装，后来成了中国绝大部分妇女的服装。

1982年，复旦大学开过一次“中国文化史研究学者座谈会”，对于中国文化传统做了一个估计，以为其核心内容是礼，有人不同意这种意见。有人说是中庸，就是在矛盾中求统一。中庸在孔子看来是至德（子曰：“中庸其至矣乎！民鲜能久矣。”），能做到这一点的，很久以来都是少数。天下国家可以治平，爵禄可以辞而不取，白刃在前可坦然而不惧，但要做到中庸却更难啊！希腊人主张“Mean”，和中庸颇相似。说中庸为传统的核心，我看也还要研究。北京大学打算编一部大型的文化史，包括政治制度、农业手工业、建筑学、哲学思想、宗教、文学、文字、史学、民俗学诸史，我想还不够，很明显，还应当包括服饰、陶瓷、金石、美术（绘画与书法）、音乐、婚姻（或妇女）诸史。把这些工作完成了，我们才可以知道什么是中国传统文化的核心。列宁曾经说到过俄国人的胆略和美国人的求实精神，我们对中国传统文化的精神能找到像这样的概括吗？

二、中国文化的形成

最早记载我国文化的文字材料，当从《论语》说起。孔子心目中的夏礼、殷礼以及周礼都指的是文化。夏尚忠，殷尚鬼，周尚文，三代文化各有特点。但殷夏相因，周殷相因，又都有损益。损益和我们经常说的“批判继承”的意思差不多。春秋时期，诸侯国的文化并不完全相同。齐、鲁是邻国，但孔子认为齐国要和鲁国一样，还得来一个变化。晋国秦国，一在山西，一在陕西，仅仅隔了一条黄河，但晋国的文化比秦国高得多。晋国和狄族关系很深，晋文公重耳就娶了一位狄人女子季隗为妻，生了两个儿子。季隗的姐姐嫁给赵衰，生了一个后来成为著名政治家的赵盾。戎狄蛮夷，当时是为中国（中原的诸侯国）看不起的。秦国，历史记载上说它僻处西戎。楚国，也被视为蛮貊之邦。《孟子》上有陈良、陈相到中国来留学的记录，说他们是楚国人，喜欢周公仲尼之道，才到北方来。这已是战国之时了。楚文化是很高的，和中原不断交往，中原的文化也影响了它。屈原在《离骚》中所表现的思想，就是个很好的证明。三家分晋之后，赵国与胡为邻，赵武灵王胡服骑射。《史记·赵世家》有一段武灵王和肥义的谈话，“胡服骑射以教百姓”，当时也是一种改革。胡人对中原的影响是不言而喻的。两汉通西域，大大扩充了人们的眼界。身毒（印度）早就和蜀有了往来，蜀产邛竹杖和蜀布是张骞亲自在大夏见到的。大夏在今葱岭以西乌浒河一带地方。大宛马（汗血马）、苜蓿、蒲陶都是从西域来的。其觳抵（即角抵，宋曰相扑）奇戏也传入中国。但最重要的是佛教东来，影响于我国文化者甚大。十六国时期，后赵以佛教为国教，说佛是胡神，大和尚佛图澄在政治上还起过重要作用。后魏都平城，云岗大佛，凿山而成，为我国艺术之瑰宝；迁都洛阳之后，继续经营龙门石窟，直到唐代还没有停止。佛教石刻艺术，可说是数也数不清。四川乐山大佛、大足石佛……处处留脚迹，千百年来，为中外人士所赞赏。魏晋南北朝时期，是我国各族活跃于历史舞台的时期。许多族在黄河流域建立了国家。汉族则大抵偏处江南，和南方各族有进一步交往。这时，汉族文化对各民族的影响是极大的，这就是所谓汉化。各族对汉族影响也不小，特别是这时统一了北方的鲜卑。北魏时，不少汉人迁到了魏的北边，都胡化了。高欢就是一个著名的例子。后来高氏统治了中国北方的东部，更多的汉人鲜卑化了。颜之推在《家训》中，说许多人争着学鲜卑话，学弹琵琶，服侍公卿。宇文氏本匈奴，宇文泰入关，追随者多鲜卑。西魏时，改汉姓为胡姓，如李唐先世赐姓为大野。所谓府兵制，即鲜卑兵制，径取鲜卑部落之制以治军，主将改为胡姓，其所统士卒都改从主将之胡姓。《朱子语类》卷一三六《历代三》，说："唐源流出于夷狄，故闺门失礼之事，不以为异。"太宗皇后长孙氏，为拓跋氏所改，是后魏的宗族十姓之一（《北朝胡姓考》）。这一时期，是既有汉化，也有胡化的。特别是宇文泰，他既实行鲜卑兵制，又重用苏绰父子，实行"六条诏书"，完全吸取了汉族的统治经验。

唐代文化是我国封建社会中的一个高峰。其所以成为高峰者，原因不少，但胡汉融合、汉越融合是一个原因。唐太宗自称天可汗，他说："自古皆贵中华，贱夷狄，朕独爱之如一，故其种落皆依朕如父母。"他以为这是他能服天下的一个原因（《通鉴》卷一九八贞观二十一年五月庚辰条）。陈寅恪以为则天专政破格用人之后，阉寺多出于今之四川、广东、福建等省，当时都是边地蛮夷之所居，颇疑其为蛮族或蛮夷化之汉人；安史乱后，河北社会亦"全是胡化"。安禄山即西胡种，其胡化也就是中亚胡族在东突厥复兴之后迁徙于河北之地的（详见《唐代政治史论述稿》上篇）。元稹、白居易是中唐的两位大诗人，其氏族都不是汉人。稹出拓跋，魏昭成皇帝为其十代之祖。白为胡姓，和西域之白或帛氏有关。龟兹有白氏王朝，吕光（后凉创建者）灭龟兹，其沙门和乐工来中土的颇不乏人（《旧唐书》卷一六六，《元白诗笺证稿》，《北朝胡姓考》）。盛唐时，李白自四川东行，其先世曾居碎叶，这地方即突骑施游牧之所。

辽金夏元，即契丹、女真、党项、蒙古，与我国文化形成之关系，有丰富史籍可为释证。元代政治势力，远及东欧，其时所谓西域自今新疆以西，包括波斯、大食、小亚细亚以至东欧。陈垣作《元西域人华化考》，说："百年之间，作者至三十余人，著述至八十余种。经史词章老庄申韩舆地艺术阴阳医药之属，无不具。"元遗山（好问）为金代大诗人，其出京诗云：“塞外初捐宴赐金，当时南牧已骎骎。只知灞上真儿戏，谁谓神州遂陆沉。”放在宋人诗集中，是看不出任何不同的。1980年我在大同，看到辽代佛寺，颇惊叹其为中国文化的一朵花。山西太原西边晋祠的宋代侍女像，细腰高髻，十分妍美。和唐人妇女塑像相比则甚不同。唐塑丰满而宋塑纤美，犹如书法，虽然都属上品，但颜、柳风格则大不同。在生活日用品中，瓷器是足以代表我国文化的。宋元明清也各具特色。宋瓷朴茂，清瓷精美，明瓷介乎二者之间。这是只要到博物馆去，一看便知的。元代对外，无分海、陆，都是开放的。中国文化就不仅西流东传。至明代后期，耶稣会来到中国，为徐光启等所信奉。西方科学技术东来，很快便为中国学者所接受。此风延至清初，康熙亦醉心西方之学。后因宫廷内争，西人被逐，而西学亦息，不仅一些历家排斥西法，地球绕日之说也受到非难。鸦片战争后，西学与枪炮俱来。学习西方，便成了当时先进的中国人的任务。毛泽东在《论人民民主专政》中，有一段话是说得很对的：“自从1840年鸦片战争失败那时起，先进的中国人，经过千辛万苦，向西方国家寻找真理。洪秀全、康有为、严复和孙中山，代表了在中国共产党出世以前向西方寻找真理的一派人物。那时，求进步的中国人，只要是西方的新道理，什么书都看。向日本、英国、美国、法国、德国派遣留学生之多，达到了惊人的程度。国内废科举，兴学校，好像雨后春笋，努力学习西方。”他说，这些都是新文化，和旧文化是对立的。从这个时候起，先进的中国人，对于旧文化也就开始批判了。五四运动正式提出来要民主和科学，打倒孔家店，反对庙堂文学。中国人是一点也不保守的，正像过去以中原文化为中心，广取蛮夷戎狄之长，后来有许多民族实行汉化，实际上是汉化、胡化一起来，匈奴化、鲜卑化、羌化……也就是所说的民族融合。驰名中外的已故历史学家陈寅恪说他“为不古不今之学”，在史学这方面，他是足以代表中国的，正如鲁迅在文学上也代表现代的中国（鲁迅从辑佚、校勘以至写小说，作杂文，为新旧诗，写字，读外国书；陈寅恪通多种西方语言，在德国留学所学的是语言）一样。

有一件十分应当使人注意的事。凡治中国学问的人，向西方学习得认真的，便有卓著的成就。王国维的《人间词话》，鲁迅的《中国小说史略》，郭沫若的《中国古代社会研究》，朱光潜的《文艺心理学》，冯友兰的《中国哲学史》，至今俱为名著，能说不是受了西方的影响吗？梁启超学习西方是很认真的，我国史学脱离封建窠臼，他有开山之功。近代西方的文学，对我国新文学的发展不也是他山之助？自然科学和技术，就更不必说了。这就犹如佛学之于经学，一经结合，便成为影响我们近古的理学，对中国古代文化，起了不能轻估的作用。

三、向西方学习和全盘西化

我国古代，有汉化和胡化。鲜卑化、西胡化都是胡化。满族入主中原，也企图满化中原。三十多年前，我国妇女穿旗袍，旗袍就是满族妇女的服装。最近，旗袍又和西方的妇女服装混合，成为时装了。满族入关之后，军事上始终维持八旗兵制。在镇压太平天国的农民战争中，旗兵不中用，曾、胡、左、李另创新军。满族打算保存统治的力量，但终于保存不了。后来曾、左所创的新军也不行。于是“师夷人之长技”，又向西方学习另创新军。

北魏孝文帝经过了长期的统治，开始全盘汉化，以至禁鲜卑语和鲜卑服装，改胡姓为汉姓，迁到河南来的鲜卑人都要成为河南人，死后葬洛阳。但这个国家，四十年后便分裂了。于是来了一个反动，无论东方和西方都鲜卑化，把从魏晋以来最腐朽的军队改掉了。均田的实行，也使自耕农和中小地主有了当兵的可能，大大提高了战斗力。

我们的西化，如前所言，是开始得很早的。在清代，中断了二百年，锁国闭关之后，又在西方国家的炮舰下，艰难地开了头。当时不少人认为西学只不过是声光化电、大炮战舰，提出要以“中学为体，西学为用”，即政治体制动不得，赋税制度动不得，忠孝道德动不得，要向西方拿来的只是炮舰舟车，于是建立了海军，但覆灭于甲午之役；开设造船厂于马尾，兵工厂于汉阳……但这一切都“画虎不成反类犬”。辛亥革命之后，政治体制变了，其他方面也有一些变化，例如辫子剪掉了，女子也可以进学校……但帝国主义的侵凌日甚，尤其是东邻。几个从欧美日本回来的学生，办刊物，提倡新文化，打破天经地义，创造而不因循，标榜新时代精神。这些提倡新文化的，被视为“破坏孔教，破坏礼法，破坏国粹，破坏贞节，破坏旧伦理（忠孝节），破坏旧艺术（中国戏），破坏旧宗教（鬼神），破坏旧文学，破坏旧政治（特权人治）”（蔡元培《中国新文学大系·总序》）。

五四运动要求的是民主与科学，白话文学要建立的是“活的文学”和“人的文学”。这一切都是新的东西，也可以说是当日西方大大地超过了中国的东西。当时有人提出要用活的语言，要欧化。五四运动到现在快七十年了，我们的文学和旧文学有了大大的不同，不仅用的是活的语言，也“欧化”了；但中国优秀的文学传统还是继承下来了，人们一看就知道这是中国的东西。老舍、沈从文不用说了，茅盾、巴金的文字就欧化得很厉害，端木蕻良和欧阳山也是如此，不也是中国味很浓吗？马克思主义传来中国，中国人的眼界更为之一开。但毛泽东思想却充满了中国味，大家知道，那是与中国实际结合了的缘故；但只要认真读一读，就知道也是吸取了我们的优秀遗产的。实事求是，百家争鸣，不都是我们祖先十分熟悉的吗？

语言和文化的关系最为密切，任何一位学问家都不能脱离语言来研究文化，来研究人。从日本，学什么；从美国，学什么；从苏联，学什么，不懂得这些国家的语言，我看是办不到的。正如我们不懂古汉语，就不知道《史记》为什么千百年来流传不绝，其优点如何，特点如何。

上面说了这许多，其实只想说明，在我看来，什么全盘化，全盘汉化，全盘胡化，全盘西化，都是不可能的。勉强去化，像孝文帝那样，其结果是失败。拓跋部全盘汉化之后，贵族奢侈得骇人听闻。河间王元琛和元雍比富，养骏马十余匹，有的来自波斯，以黄金为勒。邀贵族们宴饮，金银用具数百种，酒杯是西域各国水晶、玛瑙、赤玉雕琢而成的。他对元融说：“不恨我不见石崇，恨石崇不见我！”贵族之间，斗富争权，留边贵族和洛阳王侯矛盾日深。转眼之间，这个当时强盛冠于亚洲的大国，便分崩离析了。

我国在一个很长时期，以优秀的、先进的文化，熔铸各族于一炉，同时也吸取了各族优秀的东西。从葡萄、苜蓿、天马，以至胡笳、羌笛、胡琴、胡床、胡菽、胡神、胡语……以迄近代的接受西方文明，莫不在于学习先进，取其有用之物，来提高自己，丰富自己。

在帝国主义，特别是日本帝国主义虎视眈眈之下，中国人曾经提过要全盘西化，胡适大概是第一人，手头无资料，不能说他是怎么提的。还记得在高中读书时，曾经读过他用英文写的论西方文明（Western civilization）的文章。后来南开大学教授陈序经也提过这个问题，作《中国文化之出路》（1932）。全盘西化之论，当时就受到反对。我记得梁漱溟是最激烈的一个。他在1921年就有《东西文化及其哲学》一书，称扬孔孟。这又似乎是一个唯西，一个唯故。凡“唯”都属偏颇，如唯一、唯我之类。

五十多年前，陈寅恪审查冯友兰《中国哲学史》下卷说：“佛教经典言：‘佛为一大事因缘出现于世。’中国自周秦以后，迄于今日，其思想之演变历程，至繁至久。要之，只为一大事因缘，即新儒学之产生，及其传衍而已。此书于朱子之学多所发明。昔阎百诗在清朝初以辨伪观念，陈兰甫在清季以考据观念，而治朱子之学，皆有所创获。今此书作者取西洋哲学观念，以阐明紫阳之学，宜其成系统而多新解。”

振兴中华，发扬我先民的优秀文化，我们必须向一切先进的文化学习。这种学习，也就是取人所长，去己所短，“一方面吸收输入外来之学说，一方面不忘本来民族之地位”（同上审查报告中语）。

一九八七年二月二十八日下午四时，前后凡六日

（原载《上海师范大学学报》1987年第2期）

论新中国文化的创造

这篇文章包括三部分：

一为说明中国文化的物质基础；

二为说明中国文化和西洋文化不同的地方；

三为说明新中国文化的创造需要一个根本的技术的革命和社会政治的革命。

这篇文章的性质，是历史的，比较的；换句话说，是从历史的观点，就中西历史做一比较，而推得一个结论的。不是从哲学的或其他的观点上来研究中西之异同，来空盼一个新文化的创造的。

这篇文章对中国文化，绝无什么优劣的观念。只大体上指出什么样的社会，便产生什么样的文化，文化思想都是社会的产物；但反过来说，也说明某一种文化，某一种思想，当与其所产生的社会取得调协以后，便有阻止或推动此社会的进步力量。因此，在作者看来，文化只有所谓适合与不适合；在某一阶段，不适合的文化，就必须加以人为的力量，使之迅速告退。因此，文化，在作者看来，即为人类征服自然与征服自己的成绩，因人类所使用的工具不同，而其成绩也就显有差别。这里所说的工具，是广义的，有时便相当于方法。

一　中国文化的物质基础

中国文化是农业社会的产物，中国的思想也反映着这个以农业为主的生产方式的社会的种种现象。

农业生产的社会，表现在政治上是封建贵族的统治和专制君主与官僚的统治。表现在经济上是农民附着于土地，从事与土地的劳作，以养“君子”，以供王税；开始是土地不得买卖，所有的贵族都是领主，而名义上则“普天之下，莫非王土”；后来是土地自由买卖，土地集中于官僚、地主的手里。农民和领主的关系、地主的关系大体上是一样的，只在土地可以自由买卖时，农民有了漂泊的自由。在典型的封建制度崩溃之后[①]，工商业变成独立的行业，但因农业生产的社会基础未

① 典型的封建制度，为欧洲中古的封建和我国的周之封建。在政治上是一个金字塔式的阶梯，政权分散在各级领主的手中。有土地者即为贵族，土地不得买卖，耕种土地者为农奴，而不是奴隶。社会上阶级森严。官世其宗，民世其业。

变，工业局限于手工业和家庭生产制的生产；商业亦因受此限制，商业资本无不投之于土地，大商人和大地主是孪生的。艺徒、学徒、伙计和大老板的关系，大体上说来，和农民与地主的关系是差不多的。大官僚、大地主、大商人，是君主专制政治的支柱。

在农业生产的社会中，家庭是社会核心的组织。家长的权威，是绝对的，正如君主的权威是绝对的一般。家是训练顺民的渊薮。因此，教孝，教忠，为人主之急务。

这种情形，二千余年以来没有变化。唯一的变化，是在春秋战国的时候。当周代的封建制度趋向崩溃，周天子的号令，出不了国门，一方面由于诸侯的兼并，一方面由于人口的增加，恰好那个时代，铁的使用又已及于耕作[①]，于是尽地力，为当务之急，农奴部分地被解放，而且有的国家，对于“通商”“惠工”，也渐渐注意到了。旧的文化与制度，遂不能适合当日的要求，新思想便乘势而起。孔子是第一个注意到要恢复那个垂死的制度，必须重新赋以新的生命的人。

孔子为使社会保持那个上下尊卑的秩序，企图改变那些在上者的精神而巩固其统治的地位，特别提出“仁”来作为教育

---

① 参看郭沫若《十批判书》，第五一页至第五二页。

的目的。不仁表现于政治者为苛政，苛政是因人口增加，贵族日多，封地日窄，而贵族耳目口腹之欲又不能因此而降低而起的。孔子天真地企图激发贵族们的“天良”，自然要被“并仁义而窃之”的。比孔子进一步，孟子，为了要维持那个垂死的周制，便大胆地宣称那个制度只能建立在人民的同意上。因此孟子强调“义”，不惮烦地说什么是该行的，什么是不该行的。孟子的思想，颇似18世纪的卢梭。不根据历史，自造历史以说明其理论①。其教育思想，亦与卢梭相似②。这在儒家思想中是卓越的。但孟子的时代环境限制了他的思想的影响，不似卢梭，卢梭的思想，正产生于技术革命的前夜，对于西方实际的政治社会有那么大的影响。后来的宋明理学，是颇有取于孟子的性善说的，但却被看作为婉顺以事上的理论的根据了。

在这种大体上无变的农业生产的社会之下，由于我们以上所说的贵族统治的动摇，列国并争的结果，法家思想，当然成为时代的骄子。一方面法家的“强公室，杜私门”的政策适应那时君主与人民的要求；一方面法家主张富国强兵以战争为统一天下的手段也是现实的。但法家仍然跳不出时代的限制，贵

---

① 参看浦薛凤《西洋近代政治思潮》第二三零页至第二三二页；第二三六页。“孟子道性善，言必称尧舜。”

② 孟子以人之可为尧舜。卢梭的教育思想，参看《爱弥儿》。

族的统治覆灭了，农民与地主的关系依然原封不动。“粟米之征”“布帛之征”“力役之征”依然足以奉养至尊及其赖以为治的官僚的。法家的愚民政策，在那个极大多数的人脱离不了土地的劳动，使用简单的生产工具的农业社会中，在君不暴、官不贪的情形下，是行之无阻的。但事实是君必暴，官必贪，农民不得不铤而走险，旧的统治被推翻，新的统治依然是建筑在旧统治的基础之上。因此，一治一乱，构成了我们历史哲学中的“合久必分，分久必合”的观念。

春秋战国四百年间的思想，我们姑举儒法两家以说明其社会的物质的基础。这两种思想，在二千年来中国社会中生下了根；其所以能生根的理由，就在于我们两千年来，生产方式无大变化，生产关系长久停留在地主对农民的剥削上。二千年来，皇帝是头号的大地主；以次，官僚、商人都是二号、三号……的地主。

我们的文化，就是这种农业生产社会的文化。在这个农业生产的社会之下，就政治言，我们的政治，秦汉以前，是封建贵族的政治，秦汉以后是君主专制的政治。就经济言，又大体上是建筑在地主剥削农民的关系之上的，所以秦汉以前和以后的经济形态，都是封建的。所以，说秦汉以后的社会是封建的，也是不错的。

在这种社会形态下，其风俗习惯、道德法律、思想学艺和工商业的社会便显然不同。

譬如说，西洋人说我们不守时，就是因为时间对我们不如西洋人重要。我们的农民，以太阳出来的时候，太阳落山的时候来说明时刻。他到一个地方，人问他什么时候到的，他说“太阳当顶”或“太阳还有丈把高”，或诸如此类的话。时间对于农民，远没有对于从事工商业的人那般重要。对于住在乡村的，远没有对于住在城市的那般重要。

以崇拜为例，农业社会的人，信仰的中心是祖先的神灵，祖先的崇拜，直到今天，在我们农民心中还是根深蒂固的。

因为我们的法律是保护那些统治者们的，因此，报仇成为我们历史上的美谈。受不到法律的保护，当然不得不采取法律以外的行动了。

因为我们是一个农业社会，“四世同堂”“五世同堂”也就成为了无上的美德，百善也以孝为先了。

在我们的第一流的文学中，是充满着农业社会的和平的理想的。砍柴挑水，种地灌园，诗人天真地歌唱。而因苛政所引起的农村破坏，也一致地为诗人所诅咒。

在没有更利便的生产工具之前，土地的生产力是没有法子提高的，因此，我们的思想，始终跳不出儒道两家的范围，“乐天安命”，“居易俟命”就很自然地成为一种最合理的想法了。

在这种农业生产的社会下，生产力是有限制的。以有限的生产，来供君主与官僚无限的挥霍，这个农业社会秩序自然也无法长久维持的。在历史上，我们知道，战争是无时不在进行着的。

那个依附于君主不事生产的士大夫阶级中的优秀分子，有见于这种矛盾，就不时提出抑制苛政以恢复社会秩序的办法。这种士大夫到了汉以后，所持的都是儒术，在野的为士，在朝的为官。思想能自成系统的，历史上称为汉儒、宋士。这一套思想，称为汉学、宋学。

汉学与宋学，是承继孔子孟子的。因此他们的中心思想，也是在维持现存的制度而予以理论的根据的。中国社会的性质不变，他们的思想，当然也不会有什么大变化。

秦汉以后的政治历史，我们用一个比较概括的说法，是由皇权的建立到皇权与士权的对立，由皇权的再建到皇权与士权的合作以至于皇权的独霸的历史。自秦至东汉，是皇权建立的时期；自东汉末至唐初是皇权与士权对立的时代。武后立宗，用科举取士，企图再建皇权，经过许多波折，以至于南宋，是由皇权再建到皇权与士权合作的时代。至蒙古入主以至于清

末是皇权独霸，士大夫成为奴才的七百年。（参看作者《论所谓“中国式的代议政治”》，载《文讯》月刊三十七年八月号）

以董仲舒为代表的汉儒，其中心思想便在建立一个以天为根据的人主的统治，其对人主，不再如孔孟，戒以仁，戒以义，而畏之以天。

以朱熹为代表的宋儒，其中心思想便在致力于如何由诚意正心以至于治国平天下的为贤臣的道理。其着重点显然在何以为“臣”之理，与汉又退了一步。

从我们所说的皇权与士权的斗争的历史里，是不难推知汉儒宋儒的思想之所以如此的缘由的。

由孔孟以至于汉宋之儒的思想，我们姑名之曰儒家思想。这种思想，是中国农业生产社会下的产物，而也是维持这个社会的一大支柱。在儒家思想支配之下的文化，就是我们中国传统的文化。

二　中国文化和西洋文化

我们这里所说的西洋文化，是包括自希腊罗马中古以来至于近代的西洋文化而言的。

大体上说，西洋文化和我们的文化不同的，是指工业革命以后的西洋资本主义的文化而言。假如西洋没有工业革命，近代政治上的“中产阶级的民主”是不会有的，近代的自然科学的成绩是不可能出现的，由此而兴的社会科学也必无今日这样的成就。

西洋文化和中国文化之不同，就是因为西洋有一个工业革命。可是人们常常笼统地说这个西洋文化和中国文化不同，把希腊罗马中古的文化也包括在内。我们以为近代以前的西洋文化，和中国文化是大同而小异的。

先说政治，西洋文化为人们所称羡的是民主。希腊有民主，罗马也有民主。我们知道希腊的民主，是以雅典的民主为标准的。雅典的民主政治完成于公元前508年，以后便没有多大的改变。议会是由以地区为选举单位所选出的代表组成的，称为五百人的议会。政治上的最高首领，由此五百人议会中选出。但有两点是值得我们注意的，一是选举的办法为抽选而非票选，二是有选举权的只限于公民，大多数的外来人与奴隶是没有选举权的。再则，雅典的国家是所谓城国（City-state）。而且，根据亚里士多德的研究，当日希腊的城国，还有其他种种不同的政体，如君主政体、僭主政体、贵族政体、财阀政体等，民主只不过其中的一种。这种政体，以雅典为例，是由君主、贵族、僭主等政体发展而来的。其实行的时间不过二百年，或百年。[1]

罗马，自王政结束，行共和。其议会凡三变，最早的为氏族议会（Comitia Curiata），后来变为百人团议会（Comitia Centuriata），最后变为区域议会（Comitia Tributa）。平民与贵族斗争的结果，就是在区域议会中，他们可以选出代表他们利益的保民官，来和贵族对抗。这就是罗马的民主。但有两点我们可以说，一是只有公民才可以参加议会的选举；二是公民须亲自到罗马，参加议会，才能有选举之权。罗马自征服世界之后，这种民主也就没有了。我们姑且把罗马建国的历史定为公元753年，罗马灭亡为1453年。其行民主时间（全体公民参加政治）不过三百年或四百余年。[2]

希腊与罗马所行的民主，既不同于近代西洋的民主，而在西洋史二千余年中，其所行之民主，不过公元前的数百年，约在前6世纪至2世纪之间，其地域亦只不过限于雅典罗马数城国。其不能成为近代以前的西洋文化的特点，显然可知。

近代以前，以言西洋的经济生活，大体上和我们亦相同。

---

① 至公元前338年为二百余年；至公元前404年为百余年。

② 公元前510年为传说中开始行共和之年，至公元前133年为三百余年，至公元前31年为四百余年。

希腊因地理的关系，人民多从事于海外的贸易和殖民，工商业在表面上大有驾农业而上之势，但我们仔细一研究，因工商业而获得的利润，亦大量投资于土地，大商人必为大地主，奴隶从事于土地的垦殖。一个人在社会上的地位，亦因土地的多寡而定。罗马较希腊更为显著，贵族、官僚、富人、地主的意义是一样的。汉尼拔战争之后，因经营税收而暴富的人们，莫不回到意大利购买大地产，成为大地主，在庄园中度其淫逸的岁月，和我们秦汉以后的社会没有两样；统治者的利益是建筑在剥削农人（或为奴隶，或为自由人，或为农奴）的血汗之上的。

就以思想来说，希腊的苏格拉底有似于孔子，柏拉图有似于孟子，亚里士多德有似于荀子，过去的说法，大体上是不错的。在罗马帝国的统治下发展起来的希腊时期的斯多亚和伊壁鸠鲁两者的思想，不也如我们历史上的儒道两者不同的人生观的激荡吗？在专制统治之下，士大夫不为于山涛的“贞顺”，便必流于阮籍的“旷放”。其彻底无耻，如伽图所攻击的罗马贵族的荒淫[1]，不也和我们西晋之初何曾的“食日万钱，隔日无下箸处”一般的吗？

古代西洋的社会，公民与非公民之分，犹如我们的“君

① Will Durant，*Caesar and Christ*，pp.88—90.

子”与“小人”。公民是奴隶主，非公民大多数是奴隶。外来人、自由民是介乎这两者之间的，正如我们的“士”。“士”是可以为“君子”，又可以为“小人”的；外来人、自由民也是可以为公民，又可以变成奴隶的。

希腊罗马的风俗与习惯，有与我们封建时期相似的，也有和我们秦汉以后相似的。我们封建时期的王侯，祀与戎是大事。希腊的竞技，便是祀典之一。罗马人祭于裘比德的庙，便如我们的郊天。罗马家庭中的父权，也不比我们的逊色。希腊罗马人以多子为福祚，我们也是。雅典妇女的夜不出门，不与兄弟同席，不也正如我们谨卑的妇道吗？

希腊，相当于我们的春秋时代，城国争盟，如我们诸侯的争霸。罗马由于征服而统一地中海的世界，相当于我们的秦汉。基督教的思想是应暴政与富人的骄横而起的。耶稣的教义，谦卑忍让，颇近于中国的儒家，弃绝私产，则超出了儒家一步。这种教义，当日不独为城市的下流社会所欢迎，且渐渐代替了乡村农民旧日的信仰。等到基督教的思想定于一尊，野蛮民族的侵入，和教会结合，又建立一个新的封建贵族的统治。西洋的典型的封建时代便开始了。地主是贵族，奴隶被解放成农奴。教会和那些贵族是一个新的统治阶级，教会也封建化了。

这个封建时代，假如我们有足够的史料，可以和周的封建做一比较的研究。政治上的封建和经济上的封建以及社会上那个森严的阶级，就据仅存的东周的史料，我们也可以说中西的典型的封建的形态是相同的。查理曼大帝的分封和武王周公的分封难道有两样吗？

教会是维持这个封建制度的一大支柱，正如儒家的思想是维持两千年中国的君主专制以及封建的经济关系一般。我常说，中国的士大夫阶级相当于西洋的教士阶级。士大夫的经典是孔孟之教和钦定的五经四书。教士的经典，是耶稣之教和教会认可的《圣经》的解释。把士大夫阶级比作西洋的中产阶级是不对的。今日中国的知识分子，是这个半封建半殖民地的文化的产物，其意识是旧日士大夫的意识加上西洋中产阶级的意识。

教会的统治的瓦解是紧接着封建贵族的瓦解而来的。君权神授之说和民族国家的成立也紧紧地联系在一起。从16世纪到18世纪，政治的君主专制，和中国秦汉以后是一般的。在生产方式没有根本改变之前，近代中产阶级的民主的产生，是无法想象的事。

封建贵族的势力，最早受到打击的是在英国。1688年的革命，乃在表示城市商人阶级对贵族地主的胜利。在英国，政治的民主，是逐渐由1215年的《大宪章》，1649年的《权利法案》，1832年的《改革法案》，1867年的《改革法案》……而完成的。工业革命之后才有改革法案。

工业革命后的西洋文化，是资本主义的文化，更近的是社会主义的文化。资本主义的生产方式和封建主义的生产方式是大不同的。因此，我们的文化和近代的西洋文化才大不相同。由于生产方式的一致，生产关系的一致，近代以前的西洋文化和我们的文化，是大同而小异的。

三　新中国文化的创造

鸦片战争之后，我们的社会开始在动摇。新的生产工具，由于和西洋不断的接触，开始输入了，我们沿海沿江的大城市，也走上了“工业化”的路。但因满清腐败的统治，帝国主义的势力在这些大城市中生了根；帝国主义豢养了一批都市的获利者，又和一部分官僚与地主勾结，构成了一个买办阶级，替他们做爪牙，一方面为经济上的榨取，一方面为政治上的控制。久在满清压迫之下的农民，和因眩然于帝国主义的坚甲利兵而激起民族意识的士大夫，开始了两个不同方向的运动。代表前者的是太平天国的革命，代表后者的为技术上的改革和政治上的改革。技术上的改革始于同光之际，建水师，设机器局，筑铁路，办邮电，立造船局，以及派遣留学生，学习西洋的技术。及甲午战败（1894），要求政治改革的呼声，遂随技术的改革之后而起；因有戊戌的百日维新，以至六君子的遇难。

这是我们这个农业生产的文化和资本主义的文化开始接触时的情况。

在满清的统治下，政治的改革既属无望。帝国主义的侵略又日益加甚，只因帝国主义间的矛盾，才仅免瓜分之奇耻。于是民族主义的思想和政治的改革运动，结合成为推翻了满清的革命。但新的生产工具在官僚政治的控制下，却造成了官僚资本的畸形发展，近代的资本主义的文化，种在这片封建主义的土地之上，其结果更铸成了这个半封建半殖民地的社会形态。

五四运动高呼打倒孔家店，鲁迅在《狂人日记》里诅咒吃人的礼教，使这个封建社会的思想，受到严重的打击。其意义的重要，等于马丁·路德于1520年对教会的反抗。科学与民主，成为打垮封建社会的两支主力军。

这时，我们的社会，已因资本主义文化的传入，换句话说已因新的生产方式，逐渐在代替那旧的，而起着剧变。因此，旧的权威，皇帝被推翻了，父权被否定了，妇女也要求着解放；而新的思想，对那个旧的社会，又起着加速促使它趋向崩溃的作用。

但旧社会的顽抗，旧思想的反动力量也是很强大的。一方面由于帝国主义者为取得他们剥削的利便和继续不已的剥削，和旧社会中的统治者勾结起来了；一方面由于我们缺少西洋那个中产阶级（我们的中产阶级，是半封建半殖民地式的），因此，五四运动所期待的那个民主的革命流产了。

自民国十五年（1926）以来，我们在表面上有了工业，但大工业都操在帝国主义和官僚资本家的手里，我们对工业的管理，像那个手持《太上感应篇》而坐汽车的老太爷一般，其可笑的情形，可以编入《笑林》。近代的工业文明，到了我们这个在封建式的统治下的社会，便有用牛拖汽车的奇事。近代的技术传入之后在封建的统治者管理之下，生产的力量，和资本主义的统治者管理之下，是相形见绌的；在另一方面，这种技术却又被封建的统治者利用着，作为更有效的更残酷的剥削人民的工具。近廿年来，农民与官僚地主的对立，城市的工人与官僚资本家的对立，是越来越深刻化了。

旧思想与新技术的结合，表现在政治上是“人的统治”，表现在经济上的是官僚资本的形成，表现在道德上的是尊孔和媚外，仁义的幌子，娼盗的行为。

因此中国革命的性质是极其复杂的。概括言之，这种革命是反对封建主义，反官僚资本主义，反帝国主义的革命。换言之，今日中国的革命，是社会经济的，又是政治的。其性质有似于法国的大革命，又有似于俄国的十月革命。和官僚地主对立的农民，和官僚资本家对立的城市工人，和官僚资本家、买办资本家对立的民族中小资产阶级，以及爱国的反专制政治的知识分子都是站在同一革命阵营之中的。

要使这个半殖民地的社会变成一个新的社会，第一步是推翻封建主义的统治，第二步是变旧生产方式为新生产方式，以及旧生产关系为新生产关系。关于第二步，换一个说法，就是变农业、手工业的生产方式，为近代工业的生产方式。从城市的工业化，来吸收农村的劳力，使农村的人口减少，耕地平均分配之后，农民在土地上的劳作所得，除维持温饱之外，还有剩余的资本，然后，在国家有计划的资本协助与技术协助之下，成立集体农场，进行农业工业化的工作。在工业化的过程中，一方面以政治的新思想深入人心，以促进这个新社会的发展。

新教育至少应当包括两方面。一方面是理论的，消极地对于封建社会、资本主义社会的文化做一种正确的辩证唯物主义的批判，积极地建立一个新的辩证唯物主义世界观。一方面是技术的，包括各种工业的农业的技术的训练。所以新的文化，一方面是解放，一方面是建设。唯解放才能建设，唯建设才能解放。

古今中外，大思想家的理想，莫不相同。最高的理想，莫不在求得人类的和谐相处，一个充满了和平与快乐的社会。但因受时代环境的限制，其达到此理想的办法则受当时物质环境的支配。工业革命之后，科学的社会主义者，从人类发展的历史中找到了一个正确的途径，经过了一百年，历史更证明了它的完全正确性，在实行上因为这百年来的经验，又使我们多了一些宝贵的启示与教训，新中国的社会和新中国的文化的创造，正在期待着我们去完成。

一九四九年三月十一日

（原刊《中国建设》1949年第8卷第1期，署名“流金”）

历史的真实与通变

我在中学读书时，从十三四岁至十七八岁，对历史课很喜欢。老师讲戊戌政变，讲中法战争，讲甲午战争，讲得流泪，我们听得流泪。那时高中分文理科，我读理科，但毕业以后，我却进了历史系。最重要的一个原因，就是我对世界古代史十分有兴趣。罗马进兵埃及，为什么几个英雄，都迷恋于埃及女王克里奥佩特拉。亚历山大帝国、罗马帝国，为什么建立得像风一样的快捷，又灭亡得像风一样的迅速。我在大学读书的时候，一个著名的学者说自己有“考据癖”，我觉得很有兴趣，以为考据成癖，也有点近乎痴了。我们当时所受的史学方面的训练，考证、校勘占的分量颇重。有的时候，我也有点兴趣，当自己以为能辨明一些史事的真伪，确知某一学派的源流，是不禁“手之舞之，足之蹈之”的。当时人们写文章，不是这个考，就是那个考，还有什么小考、考略……无考不成文章，考证风靡一时。也不知道为什么，我对这种考证渐渐反感起来，对于有关这类文章，后来看也不屑一看了。在史学方法这一课上，我写了一篇学期论文，用当时的话来说，就是写了一个paper，主张写一部通史，不用一句引文，使人人可读，读得有兴趣。当时，我断定搞考据的人，左引某某曰，右据某某云，是写不出这样的通史来的。我很佩服张荫麟先生，他在30年代初就写了一些不用引文却使人读起来十分有味的历史名篇。当时，我一点也不知道他在写这些文章之前，对历史问题做过非常艰苦的考证工作，文章中也利用了旁人不少考据的成果。

考证的目的在于求真，这是后来才真正知道的。抗日战争时期，我曾两次去过前线。我知道有些战役是打胜了的，有一些却失败了，而且败得很惨。1941年的中条山战役，我住在洛阳第一战区的最高指挥部宿舍里，彻夜听到牛铃的声音。望不到边的牛车，两辆三辆一排，把战区的物资、用具撤退至豫西洛宁。中条山三十万驻军，一夜之间，完全溃退。但当时河南的报纸上，还是宣传胜利，说是捷报频传，或歼敌若干。1945年11月25日，西南联合大学在晚上举行了一次大型座谈会，国民党的军警蓄意破坏这个座谈会，时时放枪，意图骚扰。第二天昆明的中央日报，却说是“西郊白泥坡匪警”。写历史，是要利用这些报纸的。但是这些报纸不经考证，就真伪莫辨了。“文化大革命”，“四人帮”不知说了多少假话，制造了多少假案。谁都知道这要认真查证以恢复事物的本来面目。马克思主义的历史观，首先就是强调要恢复历史的本来面目。学历史是要有点“考据癖”，三十岁以后我是完全相信的了。只有于史不谬，我们才能总结历史的经验，古为今用。

历史研究，无论宏观微观，都应当是具体的。自以为有了好的理论，就无视具体的史实，妄发议论，随意地解释历史，那就无所谓“宏观”，而是什么也看不到；同样，自以为掌握了许多史料，却只见树木不见森林，那也看不到历史的真实。这样，还有什么历史认识可言呢？

司马迁作《史记》，说要“究天人之际，通古今之变，成一家之言”。按我的理解，他这里所说的“天”，就是历史；天人之际，就是各种历史因素的因缘际会。一部《史记》，百三十卷，其中列传、世家、本纪占了百一十二卷，绝大部分是人物传记。但这些人物都不是孤立的，人与人，人与事，总是联系在一起。这样，一个个历史人物及其所处的时代，就活现了，具体了。所谓“通古今之变”，关键在于强调历史变化的因果关系。古今有关系，我国很早就认识到了。《尧典》第一句“曰若稽古”，就是一个证明。孔子也懂得这一点，赞美周的“郁郁乎文哉”，是“监于二代”而来的。司马迁说“通”，更是要对历史的绵延变化，有一个透彻的了解和把握。唯其如此，对于“成一家之言”，我们也不能简单地理解为是诸如道家、法家、儒家那样的一家之言。《史记》是一部纵贯几千年的通史，司马迁就是想通过对历史的完整叙述，来表达他自己对历史的理解。所以，他的“一家之言”，更多地是在他对历史的尽可能完整的叙述中。只有从整体出发，才能把握局部，才能看见具体的史实。史实清楚了，才能通变，才能借鉴。

四十多年前，我国著名的经济史学家李剑农先生，对于北魏均田制的研究，因为偏离了对当时总的社会政治经济形式的把握，以致错误地把“计口授田”和均田制混为一谈。其实，北魏的“计口授田”，是在京畿（平城）之内施行的，对象是被征服迁徙于畿内的“新民”。而太和九年（485）的均田令的施行地区，是畿内以外那些从4世纪以来坞壁主力量就很雄厚的地区，对象是坞壁主、中小地主、自耕户和清查出来的荫户。这个问题，不去把握4世纪末5世纪初中国北方的坞壁，并由此理解当日社会政治经济结构的特点，就会机械地根据魏晋以来的田制关系，或拓跋部原来氏族社会的遗风，对它做出错误的解释。

在历史研究中，任何人都难免出错。可怕的是如果人云亦云，就会连带出一系列的错误。如有些同志就根据李剑农先生对“计口授田”的解释，再根据太和十一年韩麒麟请求“制天下男女计口授田”这一条史料，而怀疑均田制的实行不在太和九年，有的同志甚至还怀疑均田制中授田的规定只是一纸空文。实际上，韩麒麟的请求，是在京师大饥、游食者甚众的情况下提出来的，与均田令无关。在均田令的条文中，也并没有“计口授田”之文。

在历史研究中，因从宏观上把握历史大格局的困难，研究者随时随地都可能被史料导入歧途，从而使具体的史实得不到澄清。但是，这样的表述显然还存在着某种不足。首先，历史研究的起点是史料，具体的史实是通过相关的史料，才能触摸得到的。那么此时此刻，何以避免误入歧途呢？我以为，在这一个问题上，《资治通鉴》的编纂方法，是很值得借鉴的。李焘对此讲得很具体：“先使其寮采摭异同，以年月日为丛目，丛目既成，乃修长编。唐三百年，范祖禹掌之。光谓祖禹，长编宁失于繁，毋失于略。今《唐纪》取祖禹之六百卷删为八十卷（实际为八十一卷）是也。”（《通考》卷一九三《经籍考》）相传，《通鉴》修成后，洛阳有两间屋子的残稿，大约都是长编的底本。其所用书，除正史外，所采杂史多至二百二十种，或谓三百二十二种。

“宁失于繁，毋失于简”，这是指收集史料作资料长编而言，目的在于避免有用的史料遗漏。只有在此基础上，才能决定史料的取舍。做这一步工作，司马光用力甚勤，“参考群书，评其同异，俾归一途，为《考异》三十卷”。撇开历史的、阶级的和思想的种种局限不谈，编《资治通鉴》的目的，是要“监前世之兴衰，考当今之得失”，故其对中国历史上的治乱兴衰，是很有说明力的，做到了既具体又抽象。

其记赤壁之战，不过二千三百字。文字是因袭旧史的；九处用陈寿《三国志》，六处用裴注引《江表传》，一处用裴注引《山阳公载记》；改易了的不过数字，写来却娓娓动人，一千七百余年前的事，仿佛历历在目。孙权的矛盾心情：想战，害怕战不胜；屈服，又怕失去地盘；文中虽不着一字，这种矛盾复杂心情，却回荡于行间。鲁肃、周瑜、诸葛亮对形势的分析，对曹操力量的估计是文中的主要部分，层层深入，具有无比的说服力。刘备被曹操逼到了江边，但他还摸不透孙权到底作何打算。诸葛亮见孙权，目的便在摸这个底。诸葛亮是十分机智的，他不仅摸到了这个底，还进一步促成了孙刘的联盟。文中却没有一个字说诸葛亮是机智的。周瑜的确有大将风度，既整亦奇，但这只是通过两件小事——拒绝刘备同去看望鲁肃和接受黄盖的火攻建议——来表现的。

这些远不仅是个文字表达问题，更重要的恐怕还是对这一战争正确的认识。赤壁之战是一次具有决定性的战争。战前，曹操有可能统一南方，但江东和西蜀在汉末所遭受的破坏较小，豪强力量也不如北方那样受到了农民战争的严重打击。在经济和政治方面，割据的可能也是很大的。两种可能性同时存在，决定的因素便是人谋。其中主要问题，即孙刘如何联合抵抗曹操。在这联合当中，孙权的态度又为关键。司马光对这一点理解得非常深刻，因此便着重写孙权。鲁肃为孙权陈利害，结论是：他迎降，还可以“累官故不失州郡”，而孙权则是“将军迎操，欲安所归乎？”周瑜为孙权分析形势，日之不足，继之以夜，结论是：曹操“众数虽多，甚未足畏”。诸葛亮见孙权，孙权为亮所动，但还是顾虑到刘备新败，没有抗击曹操的实力。鲁肃、周瑜、诸葛亮的性格、议论，都围绕着孙权展开。这段历史，便因此写得具体生动，把我们带到一个辽远的古代，与古人同呼吸共议论。记载这样重大的历史事件，文字也并不在多，而在于正确理解这事件，具体而抽象，微观而宏观。

先网罗史料，通过分析综合，芟繁去芜，才能使历史的真相凸显出来。一味地堆砌史料，却不注意发现史料与史料之间所存在的问题，是无法看到具体的史实和历史的真相的。如隐士，这在中国历史上是一个很突出的现象。孔子说：“隐居以求其志，行义以达其道。”又说：“天下有道则见，无道则隐。”其实，这只是隐士的一种。对隐士，范蔚宗说：“或隐居以求其志，或回避以全其道，或静己以镇其躁，或去危以图其安。”同样是隐士，性质却大不一样。要研究中国历史上的隐士，就要看到这种不同，并从这不同之间，揭示各种不同的历史问题。北宋有个大隐士，名叫林逋，此人并非无意功名，他的侄儿登了进士甲科，惊喜之余，他赋诗曰：“闻喜宴游秋色雅，慈恩题记墨行清。”他的《送范希文寺丞》，赞美范仲淹“马卿才大常能赋，极福官卑数上书”，也表明了他自己对于世事的热衷。然而就是这样一个人物，在当时却受到了朝廷的鼓励和士林的景仰，生前有皇帝的粟帛之赐，死后有皇帝的褒赠；像范仲淹这样十分执着于用世，得志之日，就尽其心力于救弊除害的人物，也对他推崇备至。这是什么原因呢？盖其时，读书人一中科第，便可做官，享受俸禄和一些特权；而且贡士的数目日益增加，录取的名额日益扩大，积成冗官。冗官是北宋的一个沉重负担，而当日士大夫贪恋官位，更是雪上加霜。一个叫王彦超的人，六十九岁了，才想到七十岁要致仕。而一个叫吴虔裕的人，听说王彦超请求致仕，说“纵僵仆殿阶下”，也不学王彦超七十岁就告老。甚至有的官员八十岁了，也不提出辞呈。由此看来，林逋恬淡而为隐士，的确有他的过人之处，这就难怪即使像范仲淹这样“居庙堂之高则忧其民，处江湖之远则忧其君”的士大夫，对林逋不仅说“风俗因君厚”，还赞美他：“片心高与月徘徊，岂为千钟下钓台。”一个原本并不重要的人物，却因从他身上折射出重大的历史问题，就变得重要起来了。这样的问题，就史料而史料，是根本看不出来的。具体的史实，真实的历史问题，往往只存在于史料与史料的相互联系中。

历史研究的首要任务，就是去把握历史事件的完整性。这是极为困难的。许多历史事件，前后经历了几十年，甚至上百年；一些看来是偶发的历史事件，有的只是骤发于一夜之间，但真一着手研究，我们就会发现，所有这些事件，前前后后也都联系着许多问题。历史研究，就是要探究历史事件的这种联系，一旦割断了这种联系，对于这些历史，我们就不得其解。中国古代的史学，对于探究历史的因果关系，把握历史事件的完整性，是十分注重的。就史学著作的体例而言，最早的是编年史。如《春秋》《左传》，嗣后又有《汉纪》《后汉纪》。到司马光作《通鉴》，我国古代的编年体史书就臻于完善了。其后《续资治通鉴长编》《建炎以来系年要录》，都是踵《通鉴》而作的。编年体史书的好处，主要在于它有助于我们了解历史事件的发展和变化的时间过程，同时也为我们理解这种过程，提供了其他的历史参照。具体而言，研究中国历史，最好是先读《资治通鉴》。《资治通鉴》的编年纪事是非常精审的，为了避免一些重大历史事件因编年而在局部上显得比较支离割裂，又往往采取追叙和附叙的方法，这就使有心的读者，无论是在时间上，还是在具体史实的把握上，都能获得一种历史的通感。

自司马迁作《史记》，我国史书始有纪传体。纪传体史书重人物，是我国史学的一个传统；历史活动，归根到底，就是人的活动。通过对特定历史人物活动的叙述，展现历史运动的各个方面，也有助于研究者从整体上把握具体的人物与事件。除纪传外，纪传体史书还另有书志，实际上是讲典章制度的。读史必须读志。只有通过对典章制度及其历史沿革的了解，研究者才能对散见于各类书籍文献中的相关史料，加以辨别和运用。与编年体史书相比，纪传体史书的优点，就在于其处理史料的办法比较集中，比较概括；其叙述人物、事件、典章制度，给人的印象都比较完整。纪传体史书除纪传书志外，还配有年表，但其编年远不如编年史详细。本纪也是编年的，所记也过于简略。特别是年表，非深识史者，绝难加以利用。这些不能不说是纪传体史书的一个缺点，而最早的编年体史书，如《春秋》，于纪事也极简陋。《春秋》第一年云："元年春，王正月。三月，公及邾仪父盟于蔑。夏，五月，郑伯克段于鄢。秋，七月，天王使宰咺来归惠公、仲子之赗。九月，及宋人盟于宋。冬，十二月，祭伯来；公子益师卒。"皆此类也。《左氏春秋》是先秦编年体史书中最杰出者，刘知幾说它："言之于事，同在传中。然而言事相兼，烦省合理。故使读者寻绎不倦，览讽忘疲。"（《载言》）又说："左氏载诸大夫词令，行人应答，其文典而美，其语博奥。述远古则委曲如存，徵近代则循环可覆。"东汉末，献帝以《汉书》繁博难读，命荀悦删为《汉纪》，以年系事，以事为枢机，继者甚多，至司马光作《通鉴》而始大成。

清人钱大昕，跋柯维祺《宋史新编》，对《通鉴》极口称赞，说："读十七史不可不兼读《通鉴》。《通鉴》之取材多有出于正史之外者，又能考诸史之同异而裁正之。昔人所言'事增于前，文省于旧'，惟《通鉴》可以当之。"（《潜研堂文集》卷二八）此说极是。盖治中国古代史者，如果说有什么捷径，那就是首先以《资治通鉴》和十七史对读，相互比较、揣摩。通过找《通鉴》史源，就能在查书过程中，初通版本目录之学；在有关史料的比勘时，校雠之法也得以略涉门径，在史料比较与溯源的同时，既可以观摩司马光与胡三省在史料运用与考辨上的精当，若偶有讹误之处的发现，又可以引导我们粗知考证的门道；至于《通鉴》正文与胡注所涉及的五代以前的典章制度、事件人物，则更是治中国古代史者必不可少的基础知识。我国古代史家，深知治史之难，写史颇重体例，必欲通博，编年、纪传于此虽各有所长，却也有兼而得者。其荦荦大端者，《史记》《通鉴》是也。今日治中国史者，五代以前，或能将《通鉴》与正史对读，参照比较，适足以博而反约，取为通裁。自宋以下，文献既多，个人即使穷毕生之精力，也来不及利用。研究这一时期的历史，如不先从几部纪传体正史和几部编得较好的编年体史书着手，更是无所适从。古人用心良苦，今人不可不察。

编年、纪传体史书之外，我国古代史家，还创为纪事本末体。南宋袁枢，钞《通鉴》，以事为起讫，《通鉴》所载一千三百余年事，约为二百三十九件。章学诚说此体“文省于纪传，事豁于编年”。此类史裁，有助于研究者把握历史事件的完整性。但就其本身而言，其叙事方式是孤立的，便于初学者观览，却难以会通。

自司马迁创为通史，及班固即截为断代。到唐朝中期，杜佑作《通典》，“采五经群史，上自黄帝，至于天宝末年，每事以类相从，举其始终历代沿革废置，及当时群士议论得失，靡不系载，附之于事。如人支脉，散缀于体”。（李翰序文）于是，通史体裁渐又复萌，然其仅限于典章制度。司马光作《通鉴》，虽为编年，其实甚契合太史公作通史之旨趣。其后南宋郑樵作《通志》，标会通之义，章学诚极称之，“郑氏《通志》，卓识名理，独见别裁，古人不能任其先声，后代不能出其规范。虽乃实无殊于旧录，而辨名正物，诸子之意，寓于史裁，终为不朽之业矣”（《文史通义》卷四《释通》）。其《申郑》云：“郑樵生千载而后，慨然有见于古人著述之源，而知作者之旨不徒以词采为文，考据为学也。独取三千年来遗文故册，运以别识心裁，盖承通史家风，而自为经纬，成一家言者也。”史义贵会通，渔仲具司马迁、司马光诸人之卓识，但《通志》一书，除二十略之外，价值亦渺。司马光之后，如《史记》《通鉴》之通史著作，概无可述。而如杜佑《通典》之类主于会通之典章体史书，亦局促于断代。马端临仿《通典》作《文献通考》，详于当代，亦巨制也，但章学诚仍讥为无别识、无通裁。研究历史，寻本溯源是一个重要的方面，某一专题，某一断代，都必须上下左右地看。这是很困难的，但也是史学家应当刻意追求的。历史研究的目的是要通变，变是历史运动的一种特性。尽管一种社会形态、一种制度，可以绵延几百年甚至上千年而不变，但其内部的变动还是很大的。有人说中国封建社会是个“超稳定系统”，但是，在这一系统内部，一个宰相制度，从秦汉到明清，就不知有过多少变；田制、赋税、货币也是如此。不去研究这些变动，就无法对这种系统何以“超稳定”，做出历史的说明。

在历史研究中，每一个史学工作者，都必须贯彻“通史”的观点。历史中，没有什么东西是孤立的，眼界越远越好，越宽越好。社会的、政治的、经济的、文化的，以及其他各种因素，总是交织在一起。尽管，要做这样的研究，对任何一个治史者来说，都是极困难的，但一个治史者如果根本没有这种意识，也就从根本上违背了历史的精神。

在实际的历史研究过程中，历史学家们总是设法抓住那些联系面较广的问题着手研究，以使他们的研究范围逐渐扩展。我对魏晋南北朝史的研究，是从当时的劳动者身份、坞壁组织和民族关系这三个方面着手的。我以为，这些问题都牵涉到当时历史的各个方面。研究劳动者身份，目的就是要弄清楚这一时期的劳动和剥削方式。“新民”“吏”“斡”“州郡户”都联系着当时一定的生产关系和生产力，不能一讲均田制，就只看到“编户齐民”，打混账。同样，研究坞壁，目的也就是要弄清当时中原地区的社会政治经济和文化的结构，以及民族矛盾、阶级矛盾和统治阶级内部的矛盾的复杂性。拓跋族的汉化和均田制与坞壁的关系怎样？重要不重要？这些，我都是从对坞壁的研究之展开中才逐渐认识到的。研究这一时期的民族关系，也是理解这一时期历史的一个关键。坞壁、汉化、胡化、南北政治、经济和文化上的差异，都与之关系重大。很可惜的是，我对这些问题的研究才刚刚展开，那场“史无前例”的“文化大革命”就爆发了。1957年的“反右”，本已使我的研究陷入困境，而我的几乎所有积稿和相当一部分资料卡片，又在“文革”中被毁或遗失，等到“文革”结束，种种原因使我再也无力把这项研究继续下去。呜呼！难以尽言矣！

历史研究要做到比较全面，就要抓住那些能够联系各个方面的核心问题。有些问题，看上去微不足道，其实牵涉面甚广。马克思写《资本论》，捉牢一个商品，从中引出一系列的重要问题，像劳动和交换，价值和使用价值，生产力和生产关系，上层建筑和经济基础，阶级和阶级斗争，等等。这些问题，都是历史研究的重大问题。

要捉住历史的主要问题，就要在充分占有史料的基础上，用理论去发现问题。占有的史料越全面，理论水平越高，发现的问题也就越有质量。我是十分重视学习马克思主义的理论的。现在有些同志，特别是年轻的同志，不重视学习马克思主义。他们追求的是一种尽善尽美，绝对正确的理论，而不是努力从伟大的理论中汲取营养，努力去研究理论的展开过程。用这样的态度去学习理论，任何理论都是没有用处的。当然，这里面还有许多历史原因，这里就不说了。

学习理论是一个更艰苦的过程，而且要用理论去指导具体的历史研究，其前提就是研究必须首先开始。理论的作用应该是潜移默化的，不应该从理论出发。所以，治史者要想发现历史的问题，还须注意方法。最重要的是比较的方法。王国维在其《殷周制度论》中，以为周人制度大异于殷者有三：第一是立子立嫡之制，第二是庙数之制，第三为同姓不婚之制。这都是“由殷制比较得之”。有比较才能发现问题，有比较才能区分问题的性质和主次，有比较才能启发理论思考。历史不会是陈陈相因、古今如一的。汉承秦制，却不是一个模子铸成的。倘采取比较方法进行研究，则秦汉之差异自现，而其所谓同，也大有可说了。汉唐俱称全盛，差异也很不小。即以唐一代言之，天宝之前及其后，中央与地方的关系便迥乎不同。唐宋差异很大，土地私有，租佃制的确立，两宋在我国历史中是别具特色的。在古代，自然条件对历史发展的影响很大，山地和川原，经济文化俱不同，以成都府路而言，山区和平原差别也很大。研究历史，不独有时间上的比较，还要有地区上的比较。

中外历史也要通过比较，才能互现。一概而论，就要迷失历史的真相。

历史是复杂的，但曾经在相当长的一段时间内，在我们的历史研究中，历史却被大大地简单化了。问题出在哪里呢？就出在我们的头脑被简单化了。头脑的简单化，原因是我们把理论简单化了。理论一简单化，一切又都是从理论出发，历史自然要被简单化。

理论又是怎样被简单化的呢？认为理论是一成不变的；一成不变，又放之四海而皆准，百世以俟圣人而不惑了。用这样的态度对待马克思主义，结果是把马克思主义看作教条，只重结论，而对其理论体系的展开和论证过程失去了兴趣。一讲历史唯物主义，就是经济决定论；一讲辩证唯物主义，就是上层建筑对经济基础的反作用。反映到具体研究中，则更进一步简化为阶级斗争，生搬硬套，把中国历史说成是农民战争史：地主阶级残酷地剥削压迫，逼得农民起来反抗，推翻一个王朝；新王朝建立，休养生息，对农民让步，生产得到恢复和发展，又是残酷剥削压迫，又是起义，又是王朝覆灭……如此这般。

实际上，农民战争在我国历史中，并不如此简单。秦汉隋唐，陈胜、吴广，赤眉、铜马，黄巾，黄巢都是在农业生产发达的地区开始的。东晋南朝，农民的反抗，或三吴、或四川，也是生产发达的地区。北魏之末，六镇起义，却在极边。宋元明清，情况又极不同。李自成起于陕北，洪秀全、杨秀清起于广西。那时，陕北和广西都是落后地区。就这些农民战争开始的地方不同，也可以说明农民战争爆发的原因不是那么简单、划一的。至于我国社会发展的动力，恐怕也不那么简单，就是农民和地主的阶级斗争。李商隐《咏史》诗云："历览前贤国与家，成由勤俭败由奢。"勤俭在封建社会，是否也是促进生产的一个力量？（我们现在十分重视安定与团结，显然，也是目前发展生产力的一个重要条件。）

历史是发展的、变化的，理论也应该是发展的、变化的。研究历史的目的是要知今，现实总是在对人们提出新的问题，要解答这些问题，人们对历史的认识也必须不断更新。所以，我们不仅要重新学习马克思主义，还要学习各种新的理论。学习马克思主义，发展马克思主义，都不应该有禁区，否则就无所谓学习和发展。决不能以为有了马克思主义，就不需要再学习其他各种理论了。曾几何时，我们把马克思主义理论简单化，与我们对西方的各种历史的、哲学的、经济的、社会学的理论所知甚少有关。理论上的贫乏，造成了理论研究的困难，以致热衷于对理论做简单化的理解。这实际上是不要理论或轻视理论，而只重个别结论。用结论去研究历史，当然只好“以论带史”了。所以，一些即使是很明显的错误，也堂而皇之地登堂入室了。如历史为现实服务，明明是错误的，人们却不以为怪。历史是已然的东西，现实是正在进行着的运动，它们之间的关系，怎么会是服务与被服务的呢？古为今用，说的是历史的经验可以借鉴，而不是百货商店要什么就可以买什么。不能一讲五种生产方式，就否定各国历史的特点。更为可恶的是，搞什么“儒法斗争”，史学成了某种政治阴谋的工具，我国历史上，除了陈胜、吴广这样的农民起义英雄，就只剩下了寥寥可数的法家人物了。汉武帝、柳宗元、王安石都成了法家，汉光武帝则是“羞羞答答”的法家。历史研究，就是这样失去了学术尊严，完全被当作了儿戏。

历史学是一门科学，治史者必须具有尊重这门科学的良心。这良心从何而来呢？我以为，一个对真理的精神没有透彻了解的人，是不可能坚持真理的。真理的精神存在于对真理的追求的过程中。这是一个实践的问题，而不是一个理论问题。列宁说：“马克思是十九世纪人类三个最先进国家中两种主要思潮的继承人和天才的完成者。这三种主要思潮就是：德国古典哲学、英国古典政治经济学同法国一般革命学说相连的法国社会主义。”（列宁：《卡尔·马克思》）说到继承与完成，我们可以看到，马克思始终是把它们与自己对历史和现实问题的缜密思考联系在一起的。所以，马克思总是把自己的思考，集中于当时最先进的国家。对德国、英国和法国的思考，一方面是从各种理论的体系上去把握；另一方面是从现实和历史的联系中去理解。这就是历史科学的研究精神，也就是追寻真理的精神。丧失了这种研究精神，不会有历史科学，更无所谓治史者的良心。

历史是发展的、变化的，20世纪的发展变化尤其之大，新的理论新的思潮也随之出现，由此对历史提出了新的问题。教条主义者不是看不到这种变化，就是苛求前人没有预见到这种变化。我们的历史研究如果也采取这种教条主义的态度，就将失去它的现实性和力量，也就谈不到认识历史和总结历史的经验了。作为一个史学工作者（我不敢自称是马克思主义者），应该坚持马克思的历史科学的研究精神，认真地研究这些新的理论和思潮，并从历史发展变化的各个方面去获得理解，对历史提出新的问题。由此，历史科学才能发展，我们的历史认识才能提高。

谈历史人物的研究

一

恩格斯说过，历史应当重写；又说过，弄清一个具体的历史问题，要费一点力气，出一点汗。对于历史人物，也应当是这样。

20世纪50年代，对于我国历史上有争议的人物曹操、武则天，曾经开展过很有意义的讨论。引起这一讨论的，是郭沫若同志的翻案文章。在这以前，冯至同志写过一本《杜甫传》。这是一本分量不大的书，但对人们理解杜甫的作品，起过有益的作用。还有朱东润先生，多年来，他提倡传记文学，在这期间，出版了一本《陆游传》。这是他对这位诗人做了大量的、深刻的研究之后写出来的一部文学传记。读过的人，都能感觉到七百多年前一位伟大爱国者脉搏的跳动。

60年代，吴晗同志对他研究过多年、出版过两次的《朱元璋传》做了修改，出了一个新本子。朱元璋是一位重要的历史人物，从钵僧到皇帝，从一个农民军领袖到开国皇帝，在吴晗看来，是富于历史意义和教育意义的。因此，他不断地改写，经历了二十年。同样，明代著名的清官海瑞，也使他念念不忘，以至运用他自己所不熟悉但为人们所喜爱的形式——历史剧，写了使他惨遭奇祸的新编历史剧《海瑞罢官》。这是很不幸的。

更为不幸的是历史人物的研究，历史人物的评论，极其错误地被判为“以古喻今”“借古讽今”。这样，历史人物的研究，就成为禁区了。

创造历史的不是某一些个人，某一些英雄人物，这是无可置疑的。但是，我们现有的史书，据以研究古代历史的资料，都是封建时代的史家留下来的。这些史书和历史资料，记载的是帝王将相，是大大小小的贵族和官吏。这些历史人物，不是剥削阶级的代表，就是剥削阶级出身的。有一个时期，只要是剥削阶级出身的历史人物，就只能批，不能评。据说，官总是坏的，清官比贪官还要坏。然而在封建社会历史中，没有当过官的思想家、科学家、发明家、政治家、军事家、文学家和艺术家，很少很少。因此，历史人物就几乎被全盘否定了。但也有例外。秦始皇算是一个，连他的焚书坑儒也被肯定为是好事。“千古一帝”的桂冠，加在秦始皇头上，并被吹捧为最伟大的法家。这样，我国历史上，除了陈胜、吴广式的农民英雄，就只剩下寥寥可数的法家人物了，汉武帝、柳宗元、王安石都成了法家，汉光武帝则是“羞羞答答”的法家。学术便如此这般地成为儿戏，历史科学被践踏得不成样子了！

在这种情况下，历史人物的研究长期被禁锢。我们的历史著作，就只剩下了对农民起义英雄的歌颂和对“法家人物”的赞美。但这些著作，也写得苍白无力，没血没肉。

可喜的是三中全会以后，拨乱反正，历史研究走上了正路，历史人物的研究，也有了起色。大力倡导传记文学的朱东润先生，在对《梅尧臣集》做了编年校注之后，又写了《梅尧臣传》。最近，李新、任一民两同志合写的《辛亥革命时期的历史人物》出版之后，正确地被认为“是一本比较生动的爱国主义教材”。

二

历史人物的研究，应当受到重视。研究历史，和研究历史人物是分不开的。汉末纷争，群雄并起，研究这个时期的历史，能和那一大批迄今还活动在人们心目中的曹操、刘备、孙权、诸葛亮、周瑜分得开吗？讲两汉通西域，当然也和张骞、班超分不开。历史是人造成的，在阶级社会中，人又是划分为阶级的。不同的时代，有不同的代表人物，不论在哪一个方面都有。这些代表人物，在阶级社会中，莫不是统治阶级的代表。封建社会中，有些地主阶级的代表，即使对农民也有同情心，“悲天悯人”，但对那些造他们的反的农民，必呼为“逆”“盗”“乱”。有人赞美司马迁，说他为陈胜立传，在《史记》中写了一篇《陈涉世家》，是同情农民起义的。实际上，陈胜被列入世家，是因为他第一个“发难”，所诛的是暴秦。任何一个剥削阶级，无一例外，代表过一个时代的进步，其阶级精神，也必然是一个时代的精神。孔丘、孟轲、荀卿、商鞅、秦始皇，都是剥削阶级的代表，也都是那个时代精神的代表。现在看来，他们是不足的；在二千多年前人们的眼里，他们也不是完人。我们不能以对现代人的要求来苛求古人。要尊重历史，要研究这些人物，给他们以应有的评价。孙中山、章太炎离我们较近，假如用现代标准来要求，就可能一无是处。在历史研究工作中，孙中山、章太炎长期被冷落；而孔丘、孟轲所受到的待遇，则是不同形式的批判，都没有被认真地研究和科学地做出评价。

从古以来，我国对历史人物的研究是非常重视的。司马迁创为纪传体的史书《史记》，共一百三十卷，列传、世家、本纪就占了一百十二卷，绝大部分是人物的传记。其后，纪传体的史书，每一朝代都有，有的全部是本纪和列传，如陈寿的《三国志》，李延寿的《南史》《北史》和梁、陈、周、齐四书。《宋史》在二十四史中部头最大（共四百九十六卷），志表最详，中华书局标点本四十册，纪传十九册，也几近一半。编年体史书，《左传》篇篇有人物，其性格描写，具体生动，所记各种议论，娓娓动听。《资治通鉴》编写了十九年，用了二百多种书，参加编写的都是当日的名家，其中有关历史人物的言行也占了极大的篇幅。

我国史籍的丰富，在世界上是无匹的；其有关人物的记述，数量之多，也是罕见的。在我国教育历史上，史书所起的作用，似乎还没有人做过系统的研究，其作用和经籍相比，绝不在其下。《宋史·苏轼传》说东坡博通经史，他母亲教他读书，读到《后汉书·范滂传》，慨然太息，东坡便问母亲能不能允许他做范滂，他母亲说："你能做范滂，我就能做范滂的母亲。"范滂是《党锢列传》中一位为了追求真理死而无悔的人物，他的母亲是完全站在追求真理的儿子一边的。

对于历史人物的研究，近代西方诸国也是很重视的。英、法、德都有著名的人物传记的作家。法国的莫洛亚（André Maurois），一生写过多种传记，有诗人的，如《雪莱传》《拜伦传》；有哲学家的，如《伏尔泰传》；有小说家的，如《巴尔扎克传》《乔治·桑传》。他写传记，材料确实，经得起检核，像个史学家；文笔优美动人，像个文学家。德国有一位传记作家路德维希，访问过苏联，斯大林和他当面讨论过彼得大帝和列宁。斯大林说，列宁是大海，彼得大帝不过是沧海的一粟。对这两位历史人物在历史上所起过的作用，斯大林说得是多么形象啊！

拿破仑在历史上是一位有过很大影响的人物，对于这位历史人物，至今也还有不同的议论。但人们对他的研究很认真，包括曾经和他敌对的英国人和俄国人在内。1902年出版的一部英国人约翰·霍兰·罗斯（John Holland Rose）为他写的传，如作者自己所说，写的主要是传主的政治事业，而已成皇皇巨著，中译本逾四十万言。

我们的近邻日本，研究我国的历史人物，四十年前，就有后藤末雄写的康熙皇帝传；据说70年代初，又有新的一种出版了。严绍璗编的《日本的中国学家》，所录《陶渊明》就有四种。有些历史人物，像刘裕、萧衍，我们只有一两篇论述的文字，而日本却有专著。

六十多年前，教育儿童的《三字经》，有许多历史人物的故事。我幼年就知道有个窦燕山，教子有方，五个儿子，个个都中了进士。后来读《宋史》，知道这位教子有方的人，就是窦仪、窦俨的父亲。我国古代极重家教，集历史人物的言行而为三言或四言韵语教育儿童，是一个优良的传统。五代李瀚作四言韵语《蒙求》，其中讲的大都是历史人物的嘉言懿行，如“鲁连蹈海，范蠡泛湖”，“豫让吞炭，钮麑触槐”，其事或见于《史记》，或出自《左传》。一开头说的“王戎简要，裴楷清通”，取的是人物风度之美。最后以“浩浩万古，不可备甄，芟繁摭华，汝曹勉旃”作为结束，作者的目的极为明确，他希望以这些历史的“华”，作为后生的楷模。

选取历史人物中的精华，作为教育青少年一代的教材，是我国教育史中的一个优良传统。我们这一辈人，幼时读《岳阳楼记》，知道有个范仲淹。“先天下之忧而忧，后天下之乐而乐”，朗诵在口，便联想到《孟子》书中的“乐民之乐者，民亦乐其乐；忧民之忧者，民亦忧其忧。乐以天下，忧以天下。”在这里，我要附带地说一说孟轲。我们对于这个历史人物，是不是否定得太多了？的确，他是个唯心主义的思想家，有许多话是说得不对的，是不是也还有一些可贵的东西呢？我以为是有的。“民贵君轻”和“天视自我民视，天听自我民听”，我以为就是古代思想中的精华。“庖有肥肉，厩有肥马，民有饥色，野有饿殍”的揭露，不也是和“朱门酒肉臭，路有冻死骨”一样，摆事实，做谴责，谴责是无言的，但更深刻；千百年来，激起人们对荒淫无耻的统治者的憎恨！

黄花岗七十二烈士，在我们这一辈人的幼年，更激励着我们心向光明，志存家国。

1941年，苏联卫国战争进行了四个月，斯大林在十月革命二十四周年纪念日，发表了一篇演说，号召苏联人民保卫自己的国家，他一连提了好些俄罗斯的历史人物的名字，其中有列宁和普列汉诺夫，有普希金和托尔斯泰，有苏沃诺夫和库图佐夫。爱祖国，和熟悉祖国的历史人物是分不开的。

爱国主义的教育，是我国各类学校教育重要内容之一。中小学的历史教学，应当以历史人物为中心。历史教学中，不论什么内容，都和历史人物分不开。战争不必说了，指挥城濮之战的晋文公，指挥官渡之战的曹操，指挥淝水之战的谢安，都应当结合战争加以介绍。讲典章制度，也要讲人物。曹魏屯田，是因枣祗的建议而实行的。李安世和均田，杨炎和两税法，都分不开。枣祗这些人，不都可以讲讲吗。历史上任何一项改革，不分大小，在实行的时候，都要受到阻挠，讲一讲这些人怎样克服阻挠，不是很有意义吗！我国历史上，有几次大的变法运动，主持和坚持变法的人物，像吴起和商鞅，魏孝文帝和北周武帝，王安石和张居正，虽然或为帝王，或为将相，但还是应当讲，要讲得细、讲得具体；也不能因为他们曾被封为法家而不讲。四十五年前，毛泽东同志说我们这个民族有数千年的历史，有它的许多珍贵品。他告诫人们不要割断历史，说从孔夫子到孙中山，都应当给以总结。用历史，用历史人物对青少年进行爱国主义的教育，我以为就是这许多珍贵品中的一种。

三

世界上是没有完人的，被称为“圣人”的孔丘，“食不厌精，脍不厌细”，生活上不能说是节俭的；他的一位最好学的门生颜回死了，有棺而无椁，有人建议他把车子卖了，把颜回的丧事办得风光些，合乎礼一些，他却不同意，说自己是“从大夫之后”，不可徒行。“贤人”孟轲，高车驷马，传食于诸侯，即就生活来说，有点奢侈了。至于他的思想，是唯心的，就更不用说了。任何一个人，都有时代的局限，阶级的局限。要孔丘去同情“小人”，是不可能的。他说得多么肯定啊：“未有小人而仁者也。”除了这种局限之外，还有生理的、心理的、教育的等局限。研究历史人物，应当知道这一点。毛泽东同志晚年，对自己也有个估计，说后人能对他“三七开”，就很高兴、很满意了。这是很科学的态度。

我国人才辈出的时代，春秋战国是令人难忘的。三国和近代，也是满天星斗。欧洲文艺复兴时期，人才之盛，被喻为群星灿烂。日本的明治维新，不也造就了一批头角峥嵘的人物吗。人才的出现，和时代的关系是很密切的。

研究历史人物，一定要了解他所处的时代。司马迁说“屈原放逐，乃赋《离骚》”，假如我们不了解战国末期秦、齐、楚三国的关系，不了解当日楚国内部的斗争，对于写出这伟大作品《离骚》的屈原，就很难了解，对这部作品所表达的思想感情，也就只能体会到那只是属于个人的深沉的悲哀。汉武帝是一位雄才大略的君主，董仲舒在思想上是具有开创性的；司马迁对自己的要求是“究天人之际，通古今之变，成一家之言”，他创作了我国最了不起的一部史学和文学的名著，被誉为“史家之绝唱，无韵之离骚”。他们都做出了具有深远影响的事业，假如不了解他们所处的时代，这些业绩就会被解释得不合理。汉末经学大师郑玄，也是时代成全了他。他从事学术活动时，无论今文经或古文经，都有充分的发展，今古文的斗争也已有了一个半世纪。因此，他就有可能成为集两汉经学大成的人物。顾炎武和康熙皇帝，成就是不同的，不研究他们所处的时代，对这两位历史人物，我们就会处于蒙昧之中。

但同一时代，因地域不同，其人物亦不同。战国时代的秦国与齐国，没有也不可能产生屈原。楚国的山川，楚国居民的信鬼神而好祠祭，是深深地渲染了屈原的作品的。屈原既是那个时代的产儿，又是楚国的精魂。法家思想，渊源于三晋，著名的法家李悝、吴起、商鞅、韩非，或出于三晋，或和三晋有关。这是因为韩、魏处四战之地，强兵、富国为当时的急务。古称燕赵多悲歌慷慨之士，当然也不仅仅是因为出了荆轲、高渐离的缘故。说到冀北，联想起来的往往是秋风骏马；杏花春雨，很自然地便想到江南。南北风气的不同，在古代是很明显的。南北朝时期，“北学深芜，穷其枝叶”，南人则简要，得到的是英华。古称关西出将，关东出相，这也是有事实根据的概括。江西在宋明两代，出了不少人才；江浙至明清，则人才辈出。近代湖南人物之盛，也是人所共知的。当然，这不能仅从自然地理方面去说明，更重要的还须从这些地方的经济、交通、教育或者别的什么方面去究其原委。18、19世纪的欧洲，德国出哲学家，英国出经济学家，而法国则是政治家居于首位，这就只能从经济、政治、思想等方面去寻求其所以如此的原因了。

研究历史人物，要研究他所处的时代，所活动的地域；在古代，更要重视他的青少年时期是在什么地方度过的。北宋饶州兴学于仁宗初期，其后则有影响及于全国人物的出现。张根、汪藻、洪皓是最著名的。学校和人才的关系，从古以来，就非常密切。孔丘把古代知识传授于民间，因之东鲁人才就出得很多，直到西汉之初，学者还多数来自东方。东汉王充，是在当时的首都洛阳遍读群书而后从事于《论衡》的写作的。洛阳是当时学术文化的中心，太学生这时大概也已有了万把人吧。这对于王充的影响是何等的重要。

人是生活在社会中的。任何一个人，必有各种各样的社会关系。我国古代的社会关系，有君臣、父子、兄弟、夫妇、朋友，处理这些关系，封建社会有它的准则，概括起来，可以称之为“道义”。父子有亲，但大义灭亲，至少春秋时就已受到了鼓励和赞美。君和国往往是一致的，忠君的亦必爱国。封建时代的士大夫希望得君，目的固在于利禄，但有的却也是为了行道，“道不行，乘桴浮于海”，孔丘就曾这样说过。孟轲“三月无君则皇皇如也”，不一定就是官瘾那么重。如何对待人民，研究历史人物，是最重要的。“乐民之乐，忧民之忧”的人，当他在位，必关心人民的疾苦，救灾而急难。这样的人，在历史上，总是受到赞美的。君臣关系中，谏与纳谏，是重要的一面。研究李世民，就必定要从这方面去研究他和魏徵的关系，他和他的妻子长孙皇后的关系。我国历史上，重视识拔和培养人才。伯乐被誉为识拔人才的典范。欧阳修对王安石和苏轼都有奖掖之功，为史所称美。研究曹操，必须研究他和荀彧、郭嘉的关系，也要知道他如何对待孔融和王粲。研究历史人物，必须充分了解他和其他人的关系，才能认识这个人本质的东西，才能见其本色。

范仲淹是一位重要的历史人物，研究他，就必须研究他和吕夷简的关系。吕重视过他，放逐过他，是他的前辈，又是他的上官。他和吕论人物，吕说没有见过有节行的人，范反驳他，说有节行的人有的是，只是你看不见；你思想上认为没有，有节行的人你当然也就看不见了。范仲淹死的时候，有一份遗表，丝毫不及私事，个人的要求一点也没有。他做过很多任地方官，所到之处，奖掖后进，推荐人才。研究一下和他有关系的人物，对他的了解就更深了。

按照一个人的行事，来研究一位历史人物，这是谁都知道的。但我们往往注意的是大事、好事，是他的作为是否合乎时代的要求。好事则褒，坏事则贬。这全然是不错的。但在实际上，即使是一位伟大的人物，所做的事，也不一定全是对的。奖掖后进，总是对的吧，但所奖掖的，不一定个个是人才。提拔人才也是这样。知人不易，谁在这方面都难免犯错误。我们研究历史人物，要研究他的行事，他对事物的态度，对事物的分析，对事物做出的决断。事物是复杂的，有各种各样的矛盾，认识它是不易的。秦始皇是个伟大人物，他焚书坑儒，当然不好。但他做这件事，做得很有决断，也相当彻底。从这一点，我们也可以看出他对诗、书，对儒生的认识，看出他的性格。汉武帝做了不少有功于历史的事情，但晚年有轮台之悔。这个“悔”，是被旧日的史家称赞的。是不是他也自以为对匈奴用兵是错了呢?

北宋时，对西夏有过战争。韩琦和范仲淹，对于打好这一场战争，有不同的主张。范仲淹坚决反对出击，连他最好的朋友尹洙也说服不了他。从这里，既可以看到他对宋夏两方情况有较正确的了解，说明他在军事上有比韩琦高明的地方，也可见其人对于凡是他所认为正确的东西，必坚持而不返的性格。

古人说“文如其人”，又说“读其书，想见其为人”。说得是很有道理的。历史人物留下的著作，是进行研究的第一手资料。研究司马迁，离不开《史记》。班固是研究过司马迁的；《史记》，他大概也读得很熟。因此，他对司马迁写这部伟大著作的指导思想，说得很正确：“论大道则先黄老而后六经，叙游侠则退处士而进奸雄，述货殖则崇势利而羞贫贱。”

虽然他并不赞同这种指导思想。

研究鲁迅，要看他的全集不必说了。当然，还要研究他的日记、书信。在治学方面，他继承了朴学的传统，章太炎是他的老师。他校《嵇康集》，态度谨严；搜集会稽郡故书，是朴学家辑佚的遗风。他曾打算写一部中国文学史，于是就买四部丛刊，要全面研究各家的作品。这种学风，对于全面地认识这位伟大的历史人物，是必须弄清楚的。

研究一个人的作品，要求全。陶渊明是个隐士，但也有金刚怒目式的一面。不仅如此，他的作品中还有“愿在丝而为履”的闲情。“岁月掷人去，有志不获逞。念此常悲凄，终晓不能静。”感慨苍凉，和“采菊东篱下，悠然见南山”一比较，似乎不是出自一个人的手笔。要研究陶渊明，就要看到这一点，否则就要把这个隐士混同于一般的隐士。人是复杂的，对一个人的了解，要全面。有了全面的了解，写起来就有血有肉。作家写人物总是写那些对他印象最深的，决不会什么都写。但印象最深的东西，是从比较中得来的，是从印象一般或不甚深的里边筛出来的。司马迁写西汉初年两位学者，第一个申公：只写他见过刘邦，游学长安，和楚王刘郢同过学，后来当刘郢儿子刘戊的老师，戊不欢喜他，为王后处以腐刑；申公便回家乡，杜门不出，八十多岁了，汉武帝召见他，问以治乱，他说了两句最有名的话："为治不在多言，顾力行何如耳。"第二个辕固，写他九十多岁被征，碰见公孙弘，对弘说："公孙子，务正学以言，无曲学以阿世。"这两位学者，在司马迁笔下，最本质的东西都给写出来了。当然，这说的是写作，但这样的写作，必须在对所写的人物做了全面了解之后，才有可能。

历史人物的研究，是应当重视的。论世知人，是古代一门大学问。研究历史人物，是这门学问的一个重要内容。培养人才，是当前建设的大需要。研究历史人物，有助于我们培养人才的借鉴。

（原载《历史研究》1984年第2期）

玄学略论

两汉重经学，西汉主要是今文经，讲微言大义；东汉主要是古文经，讲章句训诂。不论西汉与东汉，推崇的都是周公、孔子之道。周孔之道，用魏晋人的话来说，就叫作“名教”。名教讲君臣父子夫妇朋友之义，以忠孝为核心。东汉讲章句训诂，和西汉讲微言大义一样，都十分烦琐，说一个字，往往至万言，或数万言。烦琐哲学是不会长久的，两汉人的经说，极大部分失传了。东汉末，经学有两位大师，一个叫马融，一个叫郑玄。郑玄是集今古文经学大成的人物，马融是郑玄的老师，玄在马融门下三年，没有见到过老师，后来学成回乡，马融却有“礼乐皆东”之叹（郑为山东人，马是陕西人）。《后汉书》卷六四《卢植传》说马融“能通古今学，好研精而不守章句”，又说他是“外戚豪家，多列女倡歌舞于前”。同书卷六本传说他游凉州时，正值羌人入寇，生活很困苦，对朋友发了一通议论，说：“今于曲俗咫尺之差，灭无赀之躯，殆非老庄所谓也。”意思就是说为了今天人们所说的道德，而不惜牺牲性命，这是老庄所不能赞成的。因此范蔚宗在此传中说他“达生任性，不拘儒者之节”。从历史上看，这位经学大师却是魏晋玄学的先导。《世说新语》下卷上《简傲》说王子猷做桓车骑（桓温）骑兵参军，温问王是什么官，王说不知道，这时有人牵马过来，王便说：“大概是管马的吧！”桓问他管多少马，王说：“我连马也不过问，怎么知道多少呢？”桓又问：“近来马死了多少？”王却说：“未知生，焉知死？”这一条刘孝标注引了马融的《论语》注。《论语》说：“伤人乎？不问马。”注云：“贵人贱畜，故不问也。”意思是说把人看得重畜生看得轻，因此只问人不问马。《论语》又说：“未知生，焉知死？”马融注云：“死事难明，语之无益，故不答。”从马融的《论语》注来看，他和东汉重章句训诂的经学家已不相同；他直抒胸臆，把自己所认为的道理讲出来，讲得明明白白。玄学是经学的反动，而这位经学大师和玄学之关系却如此。任何一个时代的学术思想，和前一时代都是分不开的。这也可说是一条规律。大家都知道马克思主义的三个组成部分，马克思主义从资产阶级那里继承了一些什么，列宁是讲得非常清楚的。

但玄学真正的开山祖，应当是曹操。在政治上，曹操一反东汉以来用人的标准，提倡唯才是举。这一点，我在后面还要说到。当时曹操可说是思想解放派，东汉尚气节，他却以“贱守节”著称。曹操写文章毫不做作。《三国志》卷一《武帝纪》裴松之注载他经桥玄墓下的祭文说：“又承从容约誓之言：‘殂逝之后，路有径由，不以斗酒只鸡过相沃酹，车过三步，腹痛忽怪！’虽临时戏笑之言，非至亲之笃好，胡肯为此辞乎？”曹操在青年时代，桥玄对他就很赏识，认为他是“命世之才”，至以妻子为托。从祭文里的这几句话，也可见两人的亲密，话说得十分自然，语语出自肺腑，可以想见其为人。同上书裴注引《曹瞒传》说他“每与人谈论，戏弄言诵，尽无所隐，及欢悦大笑，至以头没杯案中，肴膳皆沾污巾帻，其轻易如此”，他的作风确是很通脱的。

玄学的代表人物是王弼，他曾经注过《周易》和《老子》。他注《易》是从人事方面来说明消息盈虚之理。消息盈虚，用我们的话来说，就是自然界的阴阳寒暑；在人事方面，即生老病死，得意和失意，从人事方面来讲这种道理，就是讲天道和人事的关系，也就是所谓的天人之际。《三国志》卷二八《钟会传》裴松之注有千把字讲王弼的，说王弼年轻时，和何晏见面，晏时为吏部尚书，对弼十分称赏，说：“若斯人者，可与言天人之际乎！”《世说新语》上卷下《文学》刘孝标注引弼别传也有这两句话。《世说新语》另一条说何晏注《老子》始成，去拜访王弼，弼也正在注《老子》，何见“王注精奇，乃神伏曰：若斯人可与论天人之际矣”。玄学家认为最重要的问题就是“天人之际”，何晏对王弼的赞美，是最高的赞美。

从自然的变化来观察人事，就没有一成不变的东西。嵇康被杀之后，他的老朋友山涛，很照顾他的儿子嵇绍，要嵇绍出来做官。嵇绍说：“我出来合适吗？”山涛说：“天地四时，犹有消息，而况人乎？我替你考虑很久了。”四时是春夏秋冬，消息就是我在上面讲的意思。陈寅恪先生解释天地四时犹有消息，是这样讲的：天地四时有阴晴，有寒暑，难道在人事方面就没有变化吗？这个意思也就是说，山涛对嵇绍讲：对你出来做官这个问题，我考虑很久了，你要知道，现在的情况和你父亲被杀时的情况不相同了。山涛和王弼一样，也是从人事方面来说明消息盈虚之理的。说得简明一点，就是从自然的变化来论说人事方面的变化，不把事物看作一成不变的。这一点，我看是玄学的一个特色。

玄学的“玄”，前人解释甚多。有人说，“玄”是从三玄来的。三玄指的是《周易》、《老子》和《庄子》。“玄”就是玄远。汉人说经很拘泥，玄学却不然，摆脱文句的拘束，主张得意忘言（语出《庄子·外物篇》）。经学家拘于君臣父子之道，玄学家则醉心于人格的美，颇重抒情。《世说新语》下卷上《任诞》说王子猷住在山阴，一天大雪，忽然想去看戴逵，坐上小船，过了一夜，才到戴家，却不想见戴，叫船回去。船夫很奇怪，问他为什么如此，他说："吾本乘兴而来，兴尽而返，何必见戴？"又《伤逝》云，王戎（《晋书》说是王衍）的儿子死了，山简去吊丧，王戎哭得很伤心，山简说："还是个孩子嘛，何必这样悲哀啊！"王说："圣人忘情，最下不及情，情之所钟，正在我辈。"从这里，我们可以看到魏晋人很重视人格的美，和拘于君臣父子夫妇朋友之道的经学家颇不相同。嵇康有一篇很有名的文章，叫作《声无哀乐论》，论点和儒家完全相反。儒家讲"治世之音安以和，亡国之音哀以思"，他说声无哀乐，指出"音声有自然之和，而无系于人情"，"五味万殊而大同于美，曲变虽众亦大同于和。美有甘，和有乐。然随曲之情尽于和域，应美之口绝于甘境，安得哀乐于其间哉"。这篇文章凡五千七百字，是一篇大文章，秦客是提问题的人，东野主人是解答问题的人，一正一反，往复辩论，以后成为魏晋南北朝谈玄的主要内容之一。

玄学家观察宇宙人生，用的是一种艺术的方法，或者说是艺术的眼光。这种方法，孔丘用得最早。《论语》中记载："子在川上曰：逝者如斯夫，不舍昼夜。"说的是哲理，而又是最好的诗。所谓艺术的方法，用当时哲学的术语来说，就是贵"无"。"无"是不太好理解的，陶渊明有一首饮酒诗说："采菊东篱下，悠然见南山。山气日夕佳，飞鸟相与还。此中有真意，欲辨已忘言。"欲辨已忘言，我看把哲学中的"无"说明得颇恰当。这两句诗对"得意忘言"也是一个很好的解释。

但玄学到底是什么？玄学家当日谈玄，到底谈些什么？据《南齐书》卷三三《王僧虔传》，我们知道当时玄学家谈玄的主要内容可分为四个方面：第一个方面就是《周易》、《老子》和《庄子》以及这三部书的注，按照王僧虔的意见，起码要通一家的注，转而及于各家的注。据我们现在所知，注这三部书的，当时就有好多家。例如《庄子》，现在只有郭象的注，可是当时还有向秀的注。向秀是竹林七贤之一，是嵇康的好朋友，他的《怀旧赋》是很有名的。向秀注《庄子》，《世说新语》上卷下《文学》有记载："初，注《庄子》者有数十家，莫能究其旨要。向秀于旧注外为解义，妙析奇致，大畅玄风。……秀卒，秀子幼，义遂零落。……郭象者为人薄行……遂窃以为己注。"现在向注保存在《列子》里的最多，《黄帝篇》张湛注引的约有十八条，只会多，不会少的。《论语》也是玄学家谈的内容，何晏的《论语集解》是最有名的。何晏这个人大家都知道，文学里讲的傅粉何郎就是他。他忠于曹魏，最后被杀，西晋人把他骂得一文不值，但何晏是很有学问的，《论语集解》流传至今，可为佐证。

第二方面的内容就是东汉末两位经学大师马融和郑玄的异同。

第三方面的内容是研讨傅嘏、钟会、王广、李丰这四个人关于“才性四本论”的优劣。什么叫作“才性四本论”？《世说新语》上卷下《文学》钟会撰《四本论》始毕条刘孝标注引《魏志》说：“四本者，言才性同、才性异、才性合、才性离也。”才就是治国用兵之术，性就是仁孝道德。魏晋之际，名教和自然的斗争，反映了曹氏和司马氏的政治斗争。钟会的《四本论》是主张才性相同的。著名的孟德三令，一反东汉以来的用人标准，公开宣布一个人即使不仁不孝，只要有治国用兵的本事，就是人才。钟会的主张，正和曹操相反。傅嘏和钟会唱一个调子，因为他们都是司马氏的死党。李丰和王广是忠于曹氏的，在论才性方面，李丰论异，王广论离，认为才和性是两码事。王广的父亲即王淩，是第一个在淮南起兵反对司马懿的人。李丰事见《三国志》卷九《夏侯玄传》裴注引《魏略》。

第四方面的内容是嵇康的《声无哀乐论》。这篇论文的主旨讲的是主客分离、物我分离，自然和人情是无涉的。

对这四个方面的内容，假如没有做过研究，依照王僧虔的看法，就根本不能谈玄。僧虔给儿子写信，教训儿子说，不要以为只要拿着麈尾，就可装模作样去谈玄了。对于谈玄，他总结自己的经验说："谈何容易！"

谈玄还有一个要求，那就是语言要简洁，"辞约而旨达"，用精练的语言表达丰富的思想。《世说新语》讲"裴楷清通""王戎简要"，又讲乐广"善以约言厌人心"。清谈领袖王衍，赞美乐广说："我与乐令谈，未尝不觉我言为烦。"他又说乐广"简至"（以上均见《世说新语》中卷上《赏誉》）。什么叫简至？《世说新语》上卷下《文学》客问乐令（乐广）条说，有人问乐令什么叫"旨不至"，乐令一句话也不讲，以麈尾敲敲桌子，问："至不至？"那人说："至。"乐又举起麈尾，说："假如至，又怎么能去呢？"提问的人认为乐的答复十分简至，佩服得不得了。语言的确是简至的，但到底说的是什么，我们大概也是只能猜度的。还有一个很著名的例子见于《晋书》和《世说新语》。《晋书》说阮瞻有一次去看王戎，王戎问他：圣人贵名教，老庄重自然，你看名教与自然是相同还是不相同？阮瞻答道："将无同。”王戎听了大为欣赏，立刻给他做了官，被称为“三语掾”（《晋书》卷四九《阮瞻传》）。“将无同”，陈寅恪先生说就是“同”，“将”和“无”都是助词。“同”的意思就是名教即自然。这是司马氏得国之后，一些前日的隐士，摇身一变而为达官，认为老庄当与周孔并崇，作为他们名利双收的护符。对“将无同”的另一种解释，认为“无”是和“有”相对的，用我们的话来说：就“无”这一点来说，名教与自然是相同的。我以为，第二种解释不如第一种好。玄学家要求谈玄时“辞约而旨达”，但这是很不容易的，这不仅是语言问题，更牵涉到思想方法问题。

春秋以后，研究人物，有专门相面的，《荀子》中的《非相篇》就是为反对相术而作。汉人也专门研究人物，《论衡》中所说的骨相，就是这方面的内容。大抵两汉相人，多重外貌，从眼鼻、筋骨、步履来推测人的内心活动。魏晋人就一反汉人旧习，和两汉的重骨相大不一样，却重神气。《世说新语》中卷上《赏誉》说当时人目李元礼（李膺）“谡谡如劲松下风”，就这么短短一句，却把李膺的人格描绘出来了。《赏誉》中还说王敦对于王衍的品评，是“岩岩清峙，壁立千仞”，也可以想见王衍是怎么一个人。魏晋人评论人物，好用譬喻。山涛对嵇康很欣赏，说：“嵇康之为人也，岩岩若孤松独立；其醉也，巍峨若玉山之将崩。”（《世说新语》下卷上）郭林宗赞美黄叔度，说他“汪汪如万顷之陂，澄之不清，扰之不浊”，器量深广难测（《世说新语》上卷上《德行》）。这种风气，也影响了艺术。顾恺之画人物，往往几年不画眼睛，有人问他为什么，他说画眼睛最难，传神正在于此。当然，也影响到文学，这时文学重隽永，《世说新语》这部书虽作于刘宋之时，但最足以作为隽永的代表，我们在前面已经征引不少了。北魏郦道元注《水经》，其中一些名篇，也很隽永。《江水》最后引地方歌谣：“巴东三峡巫峡长，猿啼三声泪沾裳”，使人读后情不能自已，比“自非亭午夜分，不见曦月”，仿佛身临其境的感觉还要深一层。梁朝大文艺理论家刘勰在《文心雕龙》这一巨著中，提出一个重要的评论文学的标准——隐秀，汤用彤先生认为这是受了玄学的影响。“隐”是情在辞外。阮籍《咏怀》诗云：“独坐空堂上，谁可与欢者，出门临永路，不见行车马。登高望九州，悠悠分旷野。孤鸟西北飞，离兽东南下。日暮思亲友，晤言用自写。”无边的寂寞，深沉的悲哀，不是都在辞外吗？情在辞外，就是意在言外，玄学对文学的影响是很显明的。什么叫作“秀”？“秀”就是状溢目前。谢朓诗云：“余霞散成绮，澄江静如练。”是不是状溢目前呢？我看是的。唐代大诗人李白很欣赏这两句诗，他写道："解道澄江净如练，令人长忆谢玄晖。"

玄学到了南朝，为文、史、玄、儒四门学之一。儒就是经学，玄学是在其上的。但这时的经学也已有玄风。梁朝的皇侃，作《论语集解义疏》，义疏是他自己的创作，要言不烦，很有特色，写他自己的理解，不像汉儒那样，引经据典。陶渊明在《五柳先生传》中讲他自己"好读书，不求甚解"。依我看，这不仅渊明如此，"不求甚解"是魏晋人的学风。两汉人是求甚解的，讲一句经，讲经中一个字，可以讲到一千字，近万字，甚至超过万字，真是烦琐。人们读了，还不知道注书的人要讲的意思是什么。魏晋人就不一样，要言不烦，独抒己见。鲁迅先生作《汉文学史纲要》，作《中国小说史略》，为他的学生或其他人写墓碑，都是要言不烦，独抒己见；墓碑之作，二三十句或十几句，完全是魏晋人的味儿。依我看来，这是魏晋学风和文风的影响。

玄学在魏晋之际和政治的关系很深。当时的玄学家，几乎没有一个不谈名教，表示他对名教取什么样态度，也没有一个不谈自然，表示他对自然取什么样态度。在魏的末年，主张自然的一派，完全是曹氏之党。嵇康就是以"非汤武而薄周孔"见杀的。主张名教的，完全是司马氏之党。等到司马氏统一了，做稳了皇帝，有一些主张自然的人也转过来了，认为名教与自然没有什么不同，山涛就是其中的一个。他原来和嵇康、阮籍一样，是崇尚自然的，后来做了大官，在他心目中，名教和自然就统一了。

魏晋之际，是玄学的全盛时期，玄学和政治的关系至为密切。玄学和文学的关系也是密切的，阮籍的诗篇，可以说是其中的代表作。阮籍的《咏怀》诗，一共是八十二首，《文选》选录了十七首，从来都认为是难懂的。我在讲"隐秀"时，讲了《咏怀》的第一首，我说这首诗，给了我们无边寂寞与深沉悲哀之感。现在，我再讲一首："嘉树下成蹊，东园桃与李。秋风吹飞藿，零落从此始。繁华有憔悴，堂上生荆杞，驱马舍之去，去上西山趾。一身不自保，何况恋妻子。凝霜被野草，岁暮亦云已。"阮籍在曹氏和司马氏的斗争中，既不像嵇康的勇敢直言，也不像山涛的阿谀取容。他极度沉默，绝口不谈政治，司马师说他是"天下之至慎"。读了这一首诗，我们可以看到，他的忧愤是深广的。"凝霜"，经过十年浩劫的人，是都能体会的。西山即首阳山，是伯夷、叔齐饿死的地方。"一身不自保，何况恋妻子"，进过隔离室的人也会有同感的吧。好诗都是永恒的，一代一代传下去，尽管时代不同，情境各异，而这些永恒的诗篇，都能搅动人们内心的宁静。年轻时所不懂的，年纪大了就懂了。生活一帆风顺的时候，有些诗虽然也觉得好，但体会不深。像阮籍这首诗，我青年时代就觉得好，但在十年浩劫中，体会就深了。当然，阮籍是绝望的。他既不能死去，又不能变节以求荣，在那种残酷的政治斗争中，优劣之势已经判然，绝望是必然的。颜延年说他“途穷能无恸”（《五君咏·阮步兵》），可谓一针见血。但这一点，和我们却不相同。十年浩劫中，我们却没有绝望，对于领导中国人民从万劫不复中求得了解放的中国共产党，没有失掉信心；对于我们这个民族的苦难，也有着比较清醒的认识。

东晋时，玄学与现实与政治的关系，就没有西晋那么深，而且逐渐脱离了政治。用陈寅恪先生的话来说，等到脱离政治时，玄学的生命也就结束了。玄学开始和佛教结合，接着为佛教所替代。

（原载《江西社会科学》1982年第1期）

玄学与诗

魏晋是个思想解放的时代。代表这个时代的思想为玄学。这个时代的诗深深受到玄学的影响。

玄学是经学的反动。经学是两汉的统治思想。不论是今文经，或是古文经，讲的都是周公孔子之道，用魏晋人的话来说，都是名教。

名教就是君臣父子夫妇兄弟朋友之道，主要是忠和孝。曹操把汉献帝抓在手里，挟天子以令诸侯，做了一件了不得的大事，那就是“唯才是举”，公然宣称只要有治国用兵之术，有本事，即使不仁不孝，盗嫂受金，也给官做。曹操的思想，在当时是很解放的，从经学的重重束缚中解放出来了。在文学上，曹操也很了不起。“老骥伏枥，志在千里。烈士暮年，壮心不已。”不是至今还在传诵吗？他还为知识分子鸣不平，说：“月明星稀，乌鹊南飞，绕树三匝，无枝可依。”表示要为他们效劳，说要像周公那样，连吃一顿饭的安静也不要，一饭三吐哺，让天下能干人都归向于他。

但玄学并不是从曹操开始的。东汉末，有两位经学大师，一为马融，一为郑玄。后者是前者的学生，在门下三年，却一次也没有见到过老师，直到学成还乡，向老师告辞，马融才知道郑玄学得很不错，是个优秀学生。郑玄回家时，他深深叹赏，说："礼乐都往东方去了！"（《世说新语·文学》）郑玄是个集经学大成的人物，他说经并用今古文，没有门户之见。

马融注经，直抒胸臆，不拘成说。史书上说他在凉州，正值羌人入寇，对友人高谈阔论，说：为了人们所说的道德教条，不惜牺牲，是老庄所不取的。（《后汉书·马融传》）他注《论语》，对"伤人乎？不问马"注曰："贵人贱畜，故不问也。"对"未知生，焉知死"则说："死事难明，语之无益，故不答。"（《世说新语·简傲》刘孝标注引）本传说他"达生任性，不拘儒者之节"。他注经也像他为人，把自己所认为的道理直接说出来。马融是一位开玄学先河的人物。以己意注经，就是玄学的一个特点；不像汉儒，注起经来，说一字及至万言、数万言，搞烦琐哲学，而一点自己的东西也没有。

一位经学大师开玄学的先河，也可见学术上的继承关系。

学术思想方面，今古继承，是个规律。但极左派是不承认这条规律的，所以我们说它是文化上的虚无主义。

玄学的代表人物是王弼。他注过《易》和《老子》，他以为注《易》，就是讲明消息盈虚之理。消息盈虚，说得通俗点，就是自然界有阴晴寒暑，人生有贫富寿夭。司马迁作《史记》，要究天人之际。讲明消息盈虚之理，也就是究天人之际。《三国志·锺会传》说王弼很年轻，和何晏相见，大为晏所器重，赞不绝口，说像这样的人才是可以讨论天人之际的。何晏当时做吏部尚书，掌管人事，是个大官。这条材料还为《世说新语·文学篇》刘孝标注所引。另一条说何晏注了《老子》，去访王弼，弼也正在注此书。晏见弼注，以为“精奇”，打心里佩服，说：“若斯人者可与论天人之际矣！”

从自然变化来观察人事，就会知道一成不变的东西是没有的。嵇康被杀之后，过了一个时期，他的好朋友山涛对他的儿子嵇绍说，你可以出来做官了。嵇绍问：“我出来合适吗？”山涛说：“天地四时，犹有消息，而况人乎！我为你考虑已经很久了。”这里说的消息，也是这个意思。自然是变化的，难道人事就老是一个样，不会变！

何晏、王弼都以老庄之道，来解释儒家经典。这个意思，五十年前，冯友兰先生在《中国哲学史》中就说得非常清楚了。

玄学的玄，前人有很多解释。有人说，玄学是从三玄来的。颜之推对南北朝的情况很了解，著了一部叫《颜氏家训》的书，其中《戒学》说三玄就是《周易》、《老子》和《庄子》。玄是玄远，汉儒说经很拘泥，玄学就不然，完全摆脱文句的拘束，主张"得意忘言"（语出《庄子·外物》）。经学家拘泥于君臣父子之道，玄学家则醉心于人格的美。《世说新语》中有大量篇幅记述这种情况。《任诞》说王子猷住在山阴，一夜大雪，忽然想起一位叫戴逵的人，便叫了条船，乘雪往访。到得戴家，却不下船，说要回舟。船夫很奇怪，问道："你不是说要来访戴先生吗？怎么到了戴家不下船，又要回去呢？"王子猷说："乘兴而来，兴尽而返，何必一定要见戴先生！"

《世说·伤逝》说王戎（《晋书》作王衍）丧子，山简去吊丧，王戎哭得很伤心。山简说："还是个孩子嘛！何必这样悲哀。"王说："圣人忘情，最下不及情，情之所钟，正在我辈。"这都是写人格之美的。

嵇康在司马氏欺负孤儿寡妇图谋大位的时候，不与合作，有一篇《与山巨源绝交书》，"非汤武而薄周孔"；还写了一篇大文章，主张声无哀乐。议论与儒家完全相反。儒家以为："治世之音安以乐，其政和。乱世之音怨以怒，其政乖。亡国之音哀以思，其民困。"（《毛诗·周南关雎序》）他却以为："声音有自然之和，而无系于人情。""五味万殊而大同于美，曲变虽众亦大同于和。美有甘，和有乐。然随曲之情尽于和域，应美之口绝于甘境，安得哀乐于其间哉？"（《嵇康集·声无哀乐论》）这篇文章共五千七百字，采取问答式。秦客提问，东野主人答问，一问一答，一正一反，反复辩论。分离物我，分离主客，在思辨上是很出色的。

哲学史中的思辨哲学，似乎不是我们的传统，但玄学在兴起的初期，却富于思辨的色彩。但有些玄学家，却以哲学为诗，就缺乏诗味，显得很浮浅了。（参阅锺嵘《诗品·序》）

玄学家观察宇宙，观察人生，更主要的还是一种艺术的方法，用当时哲学的术语来说，就是贵"无"。"无"不大好理解。陶渊明有一首《饮酒诗》，说："采菊东篱下，悠然见南山。山气日夕佳，飞鸟相与还。此中有真意，欲辨已忘言。"最后两句，对庄子所说的"得意忘言"是最好的解释，对"无"也是一个恰当的形容。

"无"的解释很多，但它到底是什么，所谓艺术的方法又到底是什么，是很不好理解的。

从当日玄学家谈些什么来理解，似乎是个办法。玄学家谈玄，谈些什么呢？根据《南齐书·王僧虔传》，有四方面的问题，是一定要谈的。第一是《周易》和《老子》、《庄子》以及这三部书的注。当时注这三部书的有很多家。例如《庄子》，既有向秀，又有郭象。《世说新语·文学》说向秀注《庄子》"妙析奇致，大畅玄风"；郭象在向注的基础上又有发展，流传至今，向注却只在张湛注的《列子》中保存了二十条。

第二是马融和郑玄的同异。第三是才性四本论，即才性本同，才性本异，才性本合，才性本离。才是治国用兵之术，性即仁孝道德。傅嘏主张本同，锺会主张本合，他们都是拥护司马氏的。李丰论异，王广论离，他们偏袒曹氏。才性同异的辩论，虽关学术思想，但当时却反映了司马氏和曹氏的政治斗争。第四就是声无哀乐。

王僧虔教训他的儿子，以为在这四个方面没有研究，手里拿着麈尾，装模作样地谈玄，是不行的，用他的话来说，就是"谈何容易"。

从谈玄的内容来看，当然还解决不了所谓艺术的方法到底是怎样的。

《世说新语》称赞王戎，说他简要；又讲乐广"善以约言厌人心”。清谈领袖王衍非常佩服乐广，说：“我与乐会谈，就感到自己说话太啰唆。”他又称赞乐广“简至”。“三语掾”是颇为著名而为人所知的。用精练的语言表达丰富的思想，是玄学家的要求。这当然很不容易，因为这牵涉到思想方法。我们常常说“一针见血”，“一语破的”。一个人目光犀利，思想敏锐，才能如此。

魏晋南北朝文学重隽永，文艺理论崇隐秀（刘勰），都和玄学思想有关。《世说新语》写人品，说嵇康“岩岩若孤松独立”，说黄叔度“汪汪如万顷之波”，都因喻以见意，阮籍《咏怀诗》云：“独坐空堂上，无可与欢者，出门临永路，不见行车马。登高望九州，悠悠分旷野。孤鸟西北飞，离兽东南下。日暮思亲友，晤言用自写。”无边的寂寞，深沉的悲哀，不都是意在言外吗？古人说“阮旨遥深”，遥深和隐，都是意在言外。状溢目前叫作秀，“余霞散成绮，澄江静如练”（谢朓），真是状溢目前，难怪大诗人李白说：“解道澄江净如练，令人长忆谢玄晖。”

陶渊明“好读书不求甚解”。可汉人是求甚解的，讲一个字，一句经文，连篇累牍，万语千言，烦琐之至。不求甚解，则是魏晋人的学风。陶渊明的诗，像“榆柳荫后檐，桃李罗堂前”，也是状溢目前的。

一代的思想，必然影响到一代的文学。上面谈到了曹操，谈到阮籍和陶潜。阮籍生当魏末，陶潜则在晋末，一头一尾，是两位大诗人。

《咏怀诗》前面举了一首，现在再举一首：“嘉树下成蹊，东园桃与李。秋风吹飞藿，零落从此始。繁华有憔悴，堂上生荆杞。驱马舍之去，去上西山趾。一身不自保，何况恋妻子。凝霜被野草，岁暮亦云已。”阮籍在曹氏与司马氏的斗争中，不敢和嵇康一样无畏直言；也不像山涛柔婉依顺，只是极度沉默，被说成是“天下之至慎”。读了这首诗，谁不感到这个人忧愤深广，而不露形迹！凝霜，经过十年浩劫的知识分子，都是可以体会的。西山是首阳山，是伯夷、叔齐因不食周粟而饿死的地方。“一身不自保，何况恋妻子”，进过隔离室，被拉到大街去示众过的人，也都有同感吧。

好诗都有永久的魅力。一代一代！尽管时势不同、情况各异，这些永恒的诗篇，都能搅动人们内心的宁静。有的诗，年轻时也觉得好，但体会不深；在人生道路上一帆风顺时不能体会的东西，当走过坎坷不平的道路之后，便仿佛是在抒写自己胸中的忧闷。阮籍是绝望的。不能变节以求荣，绝望是必然的。但他的心事，却表现得如此隐晦。

陶渊明不为他同时人所理解。锺嵘《诗品》不把他的诗列为上品，只被视为隐逸诗人的祖宗。梁武帝的儿子萧统比较理解他，既为他作传，又说他“文章不群，词采精拔”。唐宋大文豪柳宗元、苏轼对他非常佩服，但都只看到他闲适的一面。金刚怒目的一面，直到南宋才为朱熹所发现，才说《咏荆轲》露出了渊明的本相。《咏荆轲》，一则说“君子死知己，提剑出燕京”；再则说，“凌厉越万里，逶迤过千城”，结句则云：“其人虽已没，千载有余情。”并不隐晦。他《拟古》诗之九云：“种桑长江边，三年望当采。枝条始欲茂，忽值山河改。柯叶自摧新，根株浮沧海。春蚕既无食，寒衣欲谁待！本不植高原，今日复何悔。”就隐晦了。诗说的是种桑，但意却别有所在，和阮籍一样，是“寄托遥深”的。他伤本朝之灭亡，又认为晋得国本属不正，司马氏欺人孤儿寡妇，窃国于稚子之手。《拟古》之外，还有《杂诗》，也颇伤晋室的灭亡。史称渊明入宋之后，为诗但书甲子，不用刘宋年号，“自以曾祖（陶侃）晋世宰辅，耻复屈身异代，自（宋）高祖王业渐隆，不复肯仕。”（《宋书》本传）我以为是可信的。《杂诗》之二云：“白日沦西阿，素月出东岭，遥遥万里辉，荡荡空中景。风来入房户，中夜枕席冷。气变悟时易，不眠知夕永。欲语无余和，挥杯劝孤影。日月掷人去，有志不获骋。念此怀悲凄，终晓不能静。”这样的感情，这样难以排遣的悲凄，真是如他自己所说的，“丈夫志四海，我愿不知老”的大作家才能具有的。

闲适平淡和金刚怒目，实际上也牵涉到自然与名教，这个自东汉末以来，特别是魏晋之际士大夫安身立命的问题。阮籍是主张自然的，山涛、王戎是自然名教合一论者，西晋开国元勋何曾之流则以维持名教为己任。渊明呢？一方面追求自然，一方面却感怀家国，寓故国沦亡之痛于《咏荆轲》、《拟古》和《杂诗》之中。陈寅恪先生昔年论陶渊明思想，以为：“东晋之末叶宛如曹魏之季年，渊明生值其时，既不参同嵇康之自然，更有异于何曾的名教，且不主张名教自然相同之说如山、王辈之所为。盖其己身之创解乃一种新自然说，与嵇、阮之旧自然说殊异，唯其仍是自然，故消极不与新朝合作，虽篇篇有酒，而无沉湎任诞之行及服食求长生之志。”其所作《形影神》三首，最足以代表这种思想。

《形影神》诗序云：“贵贱贤愚，莫不营营以惜生，斯甚惑焉。故极陈形影之苦，言神辨自然以释之。好事君子，共取其心焉。”

形喻自己，说人生不如自然之长久——“天地长不没，山川无改时”，“谓人最灵智，独复不如兹”。只有沉湎于酒——“得酒莫苟辞”——才能苟全性命，像阮籍和刘伶那样。

影喻名教，说长生不可能，神仙不可求——“存生不可言，卫生每苦拙，诚愿游昆华，邈然兹道绝”。怎么办呢，那只有立功立德，以图不朽——“立善有遗爱，胡为不自竭”。

神喻自然，以为形、影皆非。它问道：“三皇大圣人，今复在何处？”这当然是针对名教而说的。又说：“日醉或能忘，将非促龄具？”酒或可忘忧，但沉湎于酒，难道不叫你早死吗？于是，《神释》结句曰：“甚念伤吾生，正宜委运去。纵浪大化中，不喜亦不惧。应尽便须尽，无复独多虑。”这样一来，渊明就不像阮籍那样寂寞，能说得出“奇文共欣赏，疑义相与析”，又能知道“死去何所知，称心固为好”了。

一九八五年五月二十七日写
一九八六年八月二十四日改作
（原载《文艺理论研究》1987年第5期）

国家新闻出版广电总局

首届向全国推荐中华优秀传统文化普及图书

大家小书书目

国学救亡讲演录	章太炎　著　蒙　木　编
门外文谈	鲁　迅　著
经典常谈	朱自清　著
语言与文化	罗常培　著
习坎庸言校正	罗　庸　著　杜志勇　校注
鸭池十讲（增订本）	罗　庸　著　杜志勇　编订
古代汉语常识	王　力　著
国学概论新编	谭正璧　编著
文言尺牍入门	谭正璧　著
日用交谊尺牍	谭正璧　著
敦煌学概论	姜亮夫　著
训诂简论	陆宗达　著
金石丛话	施蛰存　著
常识	周有光　著　叶　芳　编
文言津逮	张中行　著
经学常谈	屈守元　著
国学讲演录	程应镠　著
英语学习	李赋宁　著
中国字典史略	刘叶秋　著
语文修养	刘叶秋　著
笔祸史谈丛	黄　裳　著
古典目录学浅说	来新夏　著
闲谈写对联	白化文　著
汉字知识	郭锡良　著
怎样使用标点符号（增订本）	苏培成　著
汉字构型学讲座	王　宁　著

诗境浅说	俞陛云　著
唐五代词境浅说	俞陛云　著
北宋词境浅说	俞陛云　著
南宋词境浅说	俞陛云　著
人间词话新注	王国维　著　滕咸惠　校注
苏辛词说	顾　随　著　陈　均　校
诗论	朱光潜　著
唐五代两宋词史稿	郑振铎　著
唐诗杂论	闻一多　著
诗词格律概要	王　力　著
唐宋词欣赏	夏承焘　著
槐屋古诗说	俞平伯　著
词学十讲	龙榆生　著
词曲概论	龙榆生　著
唐宋词格律	龙榆生　著
楚辞讲录	姜亮夫　著
读词偶记	詹安泰　著
中国古典诗歌讲稿	浦江清　著 浦汉明　彭书麟　整理
唐人绝句启蒙	李霁野　著
唐宋词启蒙	李霁野　著
唐诗研究	胡云翼　著
风诗心赏	萧涤非　著　萧光乾　萧海川　编
人民诗人杜甫	萧涤非　著　萧光乾　萧海川　编
唐宋词概说	吴世昌　著
宋词赏析	沈祖棻　著
唐人七绝诗浅释	沈祖棻　著
道教徒的诗人李白及其痛苦	李长之　著
英美现代诗谈	王佐良　著　董伯韬　编
闲坐说诗经	金性尧　著
陶渊明批评	萧望卿　著

古典诗文述略	吴小如　著
诗的魅力 ——郑敏谈外国诗歌	郑　敏　著
新诗与传统	郑　敏　著
一诗一世界	邵燕祥　著
舒芜说诗	舒　芜　著
名篇词例选说	叶嘉莹　著
汉魏六朝诗简说	王运熙　著　董伯韬　编
唐诗纵横谈	周勋初　著
楚辞讲座	汤炳正　著 汤序波　汤文瑞　整理
好诗不厌百回读	袁行霈　著
山水有清音 ——古代山水田园诗鉴要	葛晓音　著
红楼梦考证	胡　适　著
《水浒传》考证	胡　适　著
《水浒传》与中国社会	萨孟武　著
《西游记》与中国古代政治	萨孟武　著
《红楼梦》与中国旧家庭	萨孟武　著
《金瓶梅》人物	孟　超　著　张光宇　绘
水泊梁山英雄谱	孟　超　著　张光宇　绘
水浒五论	聂绀弩　著
《三国演义》试论	董每戡　著
《红楼梦》的艺术生命	吴组缃　著　刘勇强　编
《红楼梦》探源	吴世昌　著
《西游记》漫话	林　庚　著
史诗《红楼梦》	何其芳　著 王叔晖　图　蒙　木　编
细说红楼	周绍良　著
红楼小讲	周汝昌　著　周伦玲　整理

曹雪芹的故事	周汝昌　著　周伦玲　整理
古典小说漫稿	吴小如　著
三生石上旧精魂 ——中国古代小说与宗教	白化文　著
《金瓶梅》十二讲	宁宗一　著
中国古典小说十五讲	宁宗一　著
古体小说论要	程毅中　著
近体小说论要	程毅中　著
《聊斋志异》面面观	马振方　著
《儒林外史》简说	何满子　著
我的杂学	周作人　著　张丽华　编
写作常谈	叶圣陶　著
中国骈文概论	瞿兑之　著
谈修养	朱光潜　著
给青年的十二封信	朱光潜　著
论雅俗共赏	朱自清　著
文学概论讲义	老　舍　著
中国文学史导论	罗　庸　著　杜志勇　辑校
给少男少女	李霁野　著
古典文学略述	王季思　著　王兆凯　编
古典戏曲略说	王季思　著　王兆凯　编
鲁迅批判	李长之　著
唐代进士行卷与文学	程千帆　著
说八股	启　功　张中行　金克木　著
译余偶拾	杨宪益　著
文学漫识	杨宪益　著
三国谈心录	金性尧　著
夜阑话韩柳	金性尧　著
漫谈西方文学	李赋宁　著
历代笔记概述	刘叶秋　著

周作人概观	舒　芜　著
古代文学入门	王运熙　著　董伯韬　编
有琴一张	资中筠　著
中国文化与世界文化	乐黛云　著
新文学小讲	严家炎　著
回归，还是出发	高尔泰　著
文学的阅读	洪子诚　著
中国文学1949—1989	洪子诚　著
鲁迅作品细读	钱理群　著
中国戏曲	么书仪　著
元曲十题	么书仪　著
唐宋八大家——古代散文的典范	葛晓音　选译
辛亥革命亲历记	吴玉章　著
中国历史讲话	熊十力　著
中国史学入门	顾颉刚　著　何启君　整理
秦汉的方士与儒生	顾颉刚　著
三国史话	吕思勉　著
史学要论	李大钊　著
中国近代史	蒋廷黻　著
民族与古代中国史	傅斯年　著
五谷史话	万国鼎　著　徐定懿　编
民族文话	郑振铎　著
史料与史学	翦伯赞　著
秦汉史九讲	翦伯赞　著
唐代社会概略	黄现璠　著
清史简述	郑天挺　著
两汉社会生活概述	谢国桢　著
中国文化与中国的兵	雷海宗　著
元史讲座	韩儒林　著

魏晋南北朝史稿	贺昌群 著	
汉唐精神	贺昌群 著	
海上丝路与文化交流	常任侠 著	
中国史纲	张荫麟 著	
两宋史纲	张荫麟 著	
北宋政治改革家王安石	邓广铭 著	
从紫禁城到故宫——营建、艺术、史事	单士元 著	
春秋史	童书业 著	
明史简述	吴 晗 著	
朱元璋传	吴 晗 著	
明朝开国史	吴 晗 著	
旧史新谈	吴 晗 著	习 之 编
史学遗产六讲	白寿彝 著	
先秦思想讲话	杨向奎 著	
司马迁之人格与风格	李长之 著	
历史人物	郭沫若 著	
屈原研究（增订本）	郭沫若 著	
考古寻根记	苏秉琦 著	
舆地勾稽六十年	谭其骧 著	
魏晋南北朝隋唐史	唐长孺 著	
秦汉史略	何兹全 著	
魏晋南北朝史略	何兹全 著	
司马迁	季镇淮 著	
唐王朝的崛起与兴盛	汪 篯 著	
南北朝史话	程应镠 著	
二千年间	胡 绳 著	
论三国人物	方诗铭 著	
辽代史话	陈 述 著	
考古发现与中西文化交流	宿 白 著	
清史三百年	戴 逸 著	

清史寻踪	戴　逸　著
走出中国近代史	章开沅　著
中国古代政治文明讲略	张传玺　著
艺术、神话与祭祀	张光直　著 刘　静　乌鲁木加甫　译
中国古代衣食住行	许嘉璐　著
辽夏金元小史	邱树森　著
中国古代史学十讲	瞿林东　著
历代官制概述	瞿宣颖　著
宾虹论画	黄宾虹　著
中国绘画史	陈师曾　著
和青年朋友谈书法	沈尹默　著
中国画法研究	吕凤子　著
桥梁史话	茅以升　著
中国戏剧史讲座	周贻白　著
中国戏剧简史	董每戡　著
西洋戏剧简史	董每戡　著
俞平伯说昆曲	俞平伯　著　陈　均　编
新建筑与流派	童　寯　著
论园	童　寯　著
拙匠随笔	梁思成　著　林　洙　编
中国建筑艺术	梁思成　著　林　洙　编
沈从文讲文物	沈从文　著　王　风　编
中国画的艺术	徐悲鸿　著　马小起　编
中国绘画史纲	傅抱石　著
龙坡谈艺	台静农　著
中国舞蹈史话	常任侠　著
中国美术史谈	常任侠　著
说书与戏曲	金受申　著
世界美术名作二十讲	傅　雷　著

中国画论体系及其批评　　李长之　著
金石书画漫谈　　启　功　著　赵仁珪　编
吞山怀谷
——中国山水园林艺术　　汪菊渊　著
故宫探微　　朱家溍　著
中国古代音乐与舞蹈　　阴法鲁　著　刘玉才　编
梓翁说园　　陈从周　著
旧戏新谈　　黄　裳　著
民间年画十讲　　王树村　著　姜彦文　编
民间美术与民俗　　王树村　著　姜彦文　编
长城史话　　罗哲文　著
天工人巧
——中国古园林六讲　　罗哲文　著
现代建筑奠基人　　罗小未　著
世界桥梁趣谈　　唐寰澄　著
如何欣赏一座桥　　唐寰澄　著
桥梁的故事　　唐寰澄　著
园林的意境　　周维权　著
万方安和
——皇家园林的故事　　周维权　著
乡土漫谈　　陈志华　著
现代建筑的故事　　吴焕加　著
中国古代建筑概说　　傅熹年　著

简易哲学纲要　　蔡元培　著
大学教育　　蔡元培　著
北大元培学院　编
老子、孔子、墨子及其学派　　梁启超　著
春秋战国思想史话　　嵇文甫　著
晚明思想史论　　嵇文甫　著
新人生论　　冯友兰　著

中国哲学与未来世界哲学	冯友兰　著
谈美	朱光潜　著
谈美书简	朱光潜　著
中国古代心理学思想	潘　菽　著
新人生观	罗家伦　著
佛教基本知识	周叔迦　著
儒学述要	罗　庸　著　杜志勇　辑校
老子其人其书及其学派	詹剑峰　著
周易简要	李镜池　著　李铭建　编
希腊漫话	罗念生　著
佛教常识答问	赵朴初　著
维也纳学派哲学	洪　谦　著
大一统与儒家思想	杨向奎　著
孔子的故事	李长之　著
西洋哲学史	李长之　著
哲学讲话	艾思奇　著
中国文化六讲	何兹全　著
墨子与墨家	任继愈　著
中华慧命续千年	萧萐父　著
儒学十讲	汤一介　著
汉化佛教与佛寺	白化文　著
传统文化六讲	金开诚　著　金舒年　徐令缘　编
美是自由的象征	高尔泰　著
艺术的觉醒	高尔泰　著
中华文化片论	冯天瑜　著
儒者的智慧	郭齐勇　著
中国政治思想史	吕思勉　著
市政制度	张慰慈　著
政治学大纲	张慰慈　著
民俗与迷信	江绍原　著　陈泳超　整理

政治的学问	钱端升　著　钱元强　编
从古典经济学派到马克思	陈岱孙　著
乡土中国	费孝通　著
社会调查自白	费孝通　著
怎样做好律师	张思之　著　孙国栋　编
中西之交	陈乐民　著
律师与法治	江　平　著　孙国栋　编
中华法文化史镜鉴	张晋藩　著
新闻艺术（增订本）	徐铸成　著
经济学常识	吴敬琏　著　马国川　编

中国化学史稿	张子高　编著
中国机械工程发明史	刘仙洲　著
天道与人文	竺可桢　著　施爱东　编
中国医学史略	范行准　著
优选法与统筹法平话	华罗庚　著
数学知识竞赛五讲	华罗庚　著
中国历史上的科学发明（插图本）	钱伟长　著

出版说明

“大家小书”多是一代大家的经典著作，在还属于手抄的著述年代里，每个字都是经过作者精琢细磨之后所拣选的。为尊重作者写作习惯和遣词风格、尊重语言文字自身发展流变的规律，为读者提供一个可靠的版本，“大家小书”对于已经经典化的作品不进行现代汉语的规范化处理。

提请读者特别注意。

北京出版社